国際協力と
キャパシティ・ディベロップメント
障害女性へのエンパワーメントの視点から

島野涼子

現代書館

国際協力とキャパシティ・ディベロップメント

目次

序章 ································ 5
第1節 研究の背景と意義 6
第2節 障害の定義 10

第1章 キャパシティ・ディベロップメント ······ 15
はじめに 16
第1節 キャパシティ・ディベロップメントとは何か 17
第2節 他のアプローチとの比較分析 31

第2章 国際協力における障害分野の支援 ········ 59
第1節 途上国における障害者の現状 60
第2節 主要ドナー機関における障害者支援 65
第3節 日本の障害分野支援 76
第4節 アジア太平洋障害者センター（APCD）プロジェクトのジェンダー研修 81

第3章 障害者施策の動向 ················ 99
はじめに 100
第1節 障害者に対する国際社会の動向 101
第2節 障害女性に対する取組み 104
第3節 アジア太平洋地域の障害者施策 107
第4節 日本の障害者施策 116
第5節 小括 127

第4章　事例研究——プロジェクトたんぽぽ …… 137

- 第1節　プロジェクトの概要　138
- 第2節　プロジェクトたんぽぽの独自性　145
- 第3節　プロジェクトたんぽぽのキャパシティ・ディベロップメント　148

第5章　障害分野支援における キャパシティ・ディベロップメント …… 155

- 第1節　キャパシティ・ディベロップメントと他のアプローチの相違点　156
- 第2節　障害女性のエンパワーメントとキャパシティ・ディベロップメント　159
- 第3節　有効な障害分野支援のためのキャパシティ・ディベロップメント　166
- 第4節　障害者支援に対するキャパシティ・ディベロップメントの効果と限界　170

第6章　国際協力におけるキャパシティ・ディベロップメントの有効性 …… 175

- 第1節　キャパシティ・ディベロップメントの課題　176
- 第2節　援助効果向上のためのキャパシティ・ディベロップメントの有効性　178

終章　おわりに——今後の展望 …… 183

参考文献　187

装幀　若林繁裕

略語表

略語	概要	
ADA	American with Disabilities Act	障害を持つアメリカ人法
APCD	Asia-Pacific Development Center on Disability	アジア太平洋障害者センター
CBR	Community-Based Rehabilitation	地域に根差したリハビリテーション
CIDA	Canadian International Development Agency	カナダ国際開発庁
DAC	Development Assistance Committee	開発援助委員会
DFID	Department for International Development	英国国際開発省
DDA	Disability Discrimination Act	障害者差別禁止法（イギリス）
DPI	Disabled Peoples' International	障害者インターナショナル
DPI/AP	Disabled Peoples' International Asia-Pacific Region	障害者インターナショナル　アジア太平洋事務局
EC	European Commission	欧州共同体
EFA	Education for All	万人のための教育
ESCAP	Economic and Social Commission for Asia and the Pacific	アジア太平洋経済社会委員会
FAO	Food and Agriculture Organization	（国連）食糧農業機関
GEM	Gender Empowerment Measure	ジェンダー・エンパワーメント測定
GIZ	Deutsche Gesellschaft für Internationale Zusammenarbeit	ドイツ国際協力公社
ICF	International Classification of Functioning, Disability and Health	国際生活機能分類
ICIDH	International Classification of Impairments, Disabilities and Handicaps	国際障害分類
IL	Independent Living	自立生活
ILO	International Labor Organization	国際労働機関
IMF	International Monetary Fund	国際通貨基金
JICA	Japan International Cooperation Agency	国際協力機構
NGO	Non Governmental Organization	非政府組織
ODA	Official Development Assistance	政府開発援助
OECD	Organization for Economic Cooperation and Development	経済協力開発機構
UNDP	United Nations Development Program	国連開発計画
UNESCO	United nations Educational, Scientific and Cultural Organization	国連教育科学文化機関
UNICEF	United Nations Children's Fund	国連児童基金
USAID	United States Agency for International Development	アメリカ国際開発省
WHO	World Health Organization	世界保健機構

序章

第1節　研究の背景と意義

　冷戦終結後、ドナー諸国の援助疲れ⁽¹⁾が顕在化した1990年代にかけて「援助は役立っているのか？」という議論が盛んに行われるようになった。例えば、ドナー主導の構造調整や技術協力における途上国側のオーナーシップ（Ownership: 主体性、自己責任）の欠如が援助効果をゆがめてきたとの反省が、「途上国との対等なパートナーシップ」、「政策対話」、「住民参加」などの重要性を主張する議論につながっている（国際協力機構2006：99）。多くのドナー国や機関は、1980年代に行われてきた技術協力が期待した結果を生まなかったため、技術協力の見直しや評価を行っている。特に、構造調整プログラムの成果に対する批判が多い。この技術協力の見直し・評価の一つの集大成が1991年に経済協力開発機構の開発援助委員会（Organization for Economic Cooperation and Development/ Development Assistance Committee: 以下OECD/DAC）上級会合で採択された「技術協力原則⁽²⁾（Principles for New Orientations in Technical Cooperation）」である。

　この技術協力原則の中では「キャパシティ・ディベロップメント（Capacity Development）」という言葉は用いられていないものの、「途上国が長期的な観点に立ち、自分たちの力で開発の課題を解決できるような支援を考える」といった、キャパシティ・ディベロップメントの概念に先立つような新たな技術協力の方向性が記されている（OECD/DAC1991:5-6）。1994年にはOECD、世界銀行、国連開発計画（United Nations Development Program: 以下UNDP）主催で技術協力支援改善に向けた国際会議"Improving the Effectiveness of Technical Cooperation in the 1990s"が開催された。UNDPは同年にこの会議の成果を取りまとめ、その報告書の中で初めてキャパシティ・ディベロップメントの用語を用いて、技術協力の目指すべき方向性を示した。これ以降、ドナー国・機関では技術協力においてキャパシティ・ディベロップメントを巡る議論や取組みが活発化している。

　キャパシティ・ディベロップメントは、2005年に採択された「援助効果に関するパリ宣言（以下「パリ宣言」）のコミットメントにも掲げられ、OECD/

DACをはじめとする各種国際フォーラムにおける主要議題の一つとなっている（三輪 2008:10）。ドナーの援助額が減少していく中で、国際社会では援助の「量」ではなく「質」を求め、さらにドナーからの支援が終了したプロジェクトがその後も継続していくことを視野に入れた「持続可能な支援」を行うためにキャパシティ・ディベロップメントが必要であるとしている。2000年に国連で掲げられたミレニアム開発目標（Millennium Development Goals）は2015年を目途に進められているが、中間レビューを経て現状ではミレニアム開発目標の達成は難しいと言われている。ミレニアム開発目標の達成のためにはキャパシティ・ディベロップメントの導入が不可欠であるというのが、国際社会における見通しである。

　このような国際社会の動向を受けて、日本の国際協力においてもキャパシティ・ディベロップメントがトレンドになりつつある。しかし、現状のキャパシティ・ディベロップメントという手法は不明瞭であり、またその評価方法も確立されていない。キャパシティ・ディベロップメントの手法を導入した支援の達成にはかなりの年月を要すると予想されることから、現在日本の政府開発援助（Official Development Assistance: 以下ODA）の技術協力の一般的な支援期間である3〜5年で、どの程度の達成度を見込む必要があるのか、あるいは支援期間を延長するといった新たな方策が必要であるのかといった検討も必要である。加えてキャパシティ・ディベロップメントの手法はUNDPや欧米諸国のドナーからならったものであることから、これまで欧米諸国とは異なった援助方法を実施してきた日本が、欧米の新しい手法をそのまま日本の援助手法の中枢へ据えることへの危険性が危惧される。

　さらに、新しい援助の手法としてキャパシティ・ディベロップメントを日本の国際協力に導入することが、既存の支援方法よりも質が向上するのかが疑問である。それは例えば、これまでの支援のターゲット層から外れている人々への支援が拡充するかどうか、といった点である。これまで各ドナーが貧困削減を目標として、途上国の人々に対して多くの支援を行ってきたが、それでもミレニアム開発目標の達成は困難であると言われている。それはつまり、未だに援助を受けられていない、不可視化されている人々のグループが存在することを意味しているといえよう。

その不可視化されている人々のグループの一つとして、「障害者」(3)が挙げられる。障害分野(4)の施策は、国際社会の「障害」に対する考え方の変遷に伴って、その施策は増加している。障害分野への取組みは基本的に「各国の福祉政策である」と考えられてきているが、途上国のような国家予算の少ない国では障害分野への施策に十分に当てられないため、国際協力での障害分野支援が必須な状況である。国際協力での障害分野支援はリハビリテーションが主だったところから、障害者主体で実施されるプロジェクトも行われるようになっている。しかし、支援の数が少ないことや、障害に特化した支援以外においては、ターゲット層から無意識のうちに除かれているのが現状である。障害分野支援の増加も求めたいところであるが、それ以外の支援に関しては未だ非障害者が主体となっていることから、障害の主流化の推進が同時に求められる。
　障害の主流化が促進されていないために、障害者の中でも特に不可視化された存在になっているのが「障害女性」(5)である。障害女性は女性であり障害者でもあるため、二重の差別を受けている。近年障害分野の支援やジェンダー及び女性に対する支援が増加してきている中で、どちらの領域にも属しているはずの障害女性に対する支援は限りなく少ない。女性・ジェンダーの問題に対する支援においても、障害分野の支援においても、障害女性の抱える問題に焦点が当てられていない。それは女性・ジェンダー問題が一般的に非障害者の女性を主な対象とした問題であること、また障害女性の抱えている問題が非障害者の女性にとっては問題となってはおらず、当たり前にある権利であるため、障害女性の抱える問題は解決されず取り残されている。障害女性の抱える問題とは、社会から無性の存在であると無意識に認識されていることである。例えば、障害女性は結婚、妊娠、出産、育児をするはずがないと考えられており、その機会が剥奪されていることである。しかし無性の存在である反面、性的被害にあうという女性としての被害も多いのが現状である。
　以上のように、障害女性の抱える問題に対する取組みは、これまであまり行われてこなかった。しかし近年、国際社会では女性・ジェンダーの分野においても、障害分野においても障害女性が不可視化されている事実に気付き、少しずつではあるが国際的な文書において障害女性への配慮の必要性が言及されてきている。そのような流れの中で、国際協力においても障害女性が可視化され、

国際協力の主体の一つとなることが求められている。

　しかし、実際には障害女性がどのような問題を抱え、どのようにその問題を解決していくべきかという研究はなされていないのが現状である。障害女性についての研究を行うには、女性・ジェンダーの分野から女性の中の障害者に焦点を当てるか、障害・障害者の分野から障害女性に焦点を当てるか、という二通りの方法がある。世界の人口は男性と女性がほぼ半数ずつであるため、当然に女性・ジェンダーの分野から、女性の障害者に焦点を当てて研究するのが理にかなっているといえる。しかし、実際、世界の女性人口のうちの障害女性の数は1割程度に過ぎないため、問題解決に向けて障害者に焦点を当てるのは非常に困難である。

　一方、全障害者人口の中での女性の数は約半数であることから、ジェンダーの分野から焦点を当てることと比較すると取組みやすいと考えられるため、本書では障害の視点から障害女性に焦点を当てていく。また、障害には多くの種別があり、その障害種別により困難な状況は様々であるが、本書ではあえて障害の種別は問わず、包括的に障害女性を捉えている。障害女性には二重の差別に加え、障害女性であるために受ける特有な差別がある。その特有な差別を認識して配慮していかない限り、社会から排除され続けることになる。

　そこでキャパシティ・ディベロップメントは不可視化されている障害女性が社会に包含されるために有用であるのか、日本の援助にキャパシティ・ディベロップメントの手法を導入することにより日本のODAの援助効果は向上するのかを、障害女性をエンパワーするという視点をもとに分析していく。日本のODA予算額は年々減少しており、援助の質が求められているといえる。キャパシティ・ディベロップメントの手法がどのように作用するかは今後の日本のODA政策に影響を与えるという点から、非常に意義のある研究であるといえよう。

　なお本研究での議論は、日本のODAにおけるキャパシティ・ディベロップメントによる援助効果の有効性及び障害分野支援、特に障害女性へのエンパワーメントに限定し、日本国内の障害分野や障害女性に対する施策や問題点に関する詳しい議論は別稿に譲ることとする。

第2節　障害の定義

　国連アジア太平洋経済社会委員会（Economic and Social Commission for Asia and the Pacific: 以下、ESCAP）の報告書によると、アジア太平洋地域の各国の障害者の人口に対する割合は、0.7％〜20％と幅広くなっている（ESCAP 2008:8）。国によって障害者の比率が異なるのは当然であるが、ここまで差が出るのは国によって「障害」の概念や定義が異なるからである。2006年12月に国連で採択された「障害者権利条約（Convention on the Rights of Persons with Disabilities）」においても、前文の(e)で「障害が形成途上にある概念である」[4]と記され、第1条の目的において「障害者には、長期的な身体的、精神的、知的または感覚的な障害を有する者であって、様々な障壁との相互作用により他の者と平等に社会に完全かつ効果的に参加することを妨げられることのあるものを含む」と記載されているが、明確な定義はなされていない。そこでまず、これまでの国際社会における障害の定義と障害の概念に関して論じ、その上で、本書における障害の定義を行う。

　世界保健機構（World Health Organization：以下 WHO）は1980年に「国際障害分類（International Classification of Impairments, Disabilities and Handicaps）」を発表し、障害の概念を定義づけ、障害に対する分類法と評価方法を提示したが、これは障害をいわゆる「健常者」に近づけることを目標とした「障害の医学モデル」の考え方であるため多くの批判を受けた。それを受けて WHO は1990年から改定作業を開始し、2001年に「国際生活機能分類（International Classification of Functioning, Disability and Health）」を採択した。障害が「人と環境の相互作用」の中で生まれることを概念化し、障害の肯定的側面に着目する「障害の社会モデル」へと転換したと捉えられることが多い。

　障害者の定義は国によって異なる（表1参照）。日本では、障害者基本法第2条で定義している。それによると「障害者とは、身体障害、知的障害、精神障害（発達障害を含む。）その他の心身の機能の障害（以下「障害」と総称する。）がある者であつて、障害及び社会的障壁により継続的に日常生活または社会生活に相当な制限を受ける状態にあるものをいう。社会的障壁とは、障害がある

表1:各国の障害者の定義

	障害者の定義
日本　改正障害者基本法	障害者　身体障害、知的障害、精神障害（発達障害を含む。）その他の心身の機能の障害（以下「障害」と総称する。）がある者であつて、障害及び社会的障壁により継続的に日常生活または社会生活に相当な制限を受ける状態にあるものをいう。 二　社会的障壁　障害がある者にとって日常生活または社会生活を営む上で障壁となるような社会における事物、制度、慣行、観念その他一切のものをいう。
アメリカ　ADA 3条（2）	1. 人の主要な生活活動の一つ以上を著しく制限する身体的または精神的障害があること 2. 機能障害の経歴があること 3. 機能障害を将来もつとみなされること
イギリス　2010年平等法	身体的または精神的な機能障害を有する者であり、この機能障害によって通常の日常生活を行う能力に、実質的かつ長期間にわたり悪影響を受けている者（6条1項、2項）。過去に障害を有していた者も含む（同条4項）

出典:筆者作成

者にとって日常生活または社会生活を営む上で障壁となるような社会における事物、制度、慣行、観念その他一切のものをいう。」とされている。

　アメリカでは、1990年に機会平等の理念に基づき障害者の社会参加の実現を目指す「障害をもつアメリカ人法（Americans with Disabilities Act: ADA）[5]」が成立した。その第3条（2）によると、第1に、人の主要な生活活動の一つ以上を著しく制限する身体的または精神的機能障害があること、第2に機能障害の経歴があること、第3にそのような機能障害を将来もつであろうとみなされることのいずれか一つ以上の要件に該当すれば障害者となるとしている。なお、ADAは2008年に改正された（Americans with Disabilities Act Amendment Act of 2008）。

　またイギリスでは、1995年に「1995年障害者差別禁止法（Disability Discrimination Act 1995: DDA）[6]」が成立した。その第1条第1項で、「障害とは、人が通常の日々の活動を行う能力に、実質的かつ長期にわたる悪影響を及ぼす身体的または精神的損傷」と定義している。そして「障害をもつ人」には、現実に「障害をもっている人」（第1条2項）だけでなく、「過去に障害をもっていた人」や「深刻な外的損傷」や「進行性の病気」も、それらが通常の日々の活動を行う能力に悪影響を及ぼす場合には含まれるようになるなど、その範

囲を積極的に拡大している。なお、2010年には「2010年平等法（Equality Act 2010）」が制定され、他の差別されていた事由の差別禁止法が統合された。

　このように、日本、アメリカ、イギリスの3カ国だけでも障害及び障害者の定義は異なる。政府の障害を捉える概念が医学モデルに基づいていると、現在障害と認められている症状に対してのみの対応となり範囲が狭まってしまう。将来新たな障害が発生する可能性もあり、それを包括的にカバーするのが難しいため、ADAでは敢えて障害の種類を列挙せずに障害を定義している。イギリスにおいては、障害当事者の訴えなどにより「進行性の病気」が含まれるようになるなど、障害の範囲が徐々に拡大している。

　以上のような様々な定義を踏まえ、本書では障害を「日常生活を送る活動の一つ以上を長期にわたって著しく制限する身体的・精神的損傷」と定義し、障害者を「障害を現在のみならず、過去にもっていた、あるいは将来もつとみなされる人」と定義する。また、医療やリハビリテーションは障害者にとって必要なものであるが、リハビリテーションが必要か否かは障害者自身が選択すべきことであり、必要に応じて受けられる環境が整っている状況が求められるとの立場から論ずる。さらに、非障害者をノーマルとして考えるのではなく、障害者を含めたすべての人がノーマルであり、利用しやすい環境を整えることが必要であると考える、社会モデルを基礎として論じていく。

注
1　近年新興国の台頭している背景からも、「先進国から途上国へ」という上から下への援助や支援ではなく、パートナーシップを構築するという意味から「国際協力」という言葉を用いるようになってきているが、本書では、歴史的背景を織り込みながらの考察や提言になるため、敢えて「援助」「支援」という言葉を使用する。
2　OCDE/GD（91）207
3　「障害者」という表記についてはいくつかの議論がある。「害」という字の意味が「害を与える人」といった否定的な意味として捉られる可能性があることから、「障がい者」または「障碍者」と表記されることもある。また「障害をもつ人」や「障害がある人」と表記されることもある。しかしこの表記は、障害を機能や能力という側面でのみ理解しているという批判がある。この表記に関しては、まだ障害当事者の中でも検討中である。本書では、数名の障害当事者への聞き取りから「障害者」という表記を用いることにする。また、障害者ではない人を「健常者」と

表記することが多いが、これは障害者が不健康で異常な存在であるという対比の意味を引き起こしてしまうため、「非障害者」と表記する。なお、表記に関しては、久野編 2004：iii，脚注 1 を参照。

4　障害者支援ではなく障害分野の支援、個人への支援ではなく社会全体が変化していく、という意味で使用している。

5　障害のある女性は「障害女性」または「女性障害者」と表記されることが多い。日本語では、後に来る言葉が主で、前の言葉は形容詞となる。本書では、障害分野の中の女性をターゲットとしているが、障害者と健常者といった二分法は存在しないと考えるため、男女の二分法で分類として「障害女性」という表記に統一する。

6　Preamble (e)：Recognizing that disability is an evolving concept and that disability results from the interaction between persons with impairments and attitudinal and environmental barriers that hinders their full and effective participation in society on an equal basis with others.

7　ADA の内容については、ADA より筆者翻訳。

8　イギリス DDA については、DDA より筆者翻訳。

第1章
キャパシティ・ディベッロプメント

はじめに

　国際社会におけるキャパシティ・ディベロップメントへの注目は、「援助の有効性」を問う議論に端を発している。ドナー間の重複支援の問題や、ドナー主導で行われる支援によって被援助国が受け身となり、支援が終了してドナーがいなくなった後に持続可能な状況にならず、成果が上がっていないという認識があった。援助効果を問う動きは1990年代に導入された成果重視マネジメントにも現れている。さらに、2000年に掲げられた国連のミレニアム開発目標では、具体的に数値を示して結果を求めていることから、援助の効果が数字として示されることになる。ミレニアム開発目標の達成目標年とされている2015年までに目標を達成することは、現状では達成困難であると言われている。そのため、さらなる援助効果発現のために新たな援助アプローチが必要であるという見解から、これまで実施されてきた援助効果向上のための援助協調などのアプローチに加えて、援助の質を向上させる手法としてキャパシティ・ディベロップメントの導入が不可欠であると考えられている。これが、キャパシティ・ディベロップメントが国際協力において潮流となってきている背景である。

　しかし、ドナーによってキャパシティ・ディベロップメントの定義は異なり、これまで国際協力において用いられてきた他のアプローチとキャパシティ・ディベロップメントが混在しているのが現状である。

　このような状況から本書では、まずキャパシティ・ディベロップメントの「Capacity（キャパシティ）」とは何かという点を分析し、その分析を踏まえてキャパシティ・ディベロップメントとは何かを明確にし、国際協力でこれまで用いられてきた他のアプローチとキャパシティ・ディベロップメントを比較することによって、キャパシティ・ディベロップメントというアプローチを具現化する。その上で、キャパシティ・ディベロップメントが日本のODAの中で援助効果を向上させるための有効なアプローチであるかを検証する。

第1節　キャパシティ・ディベロップメントとは何か

第1項　キャパシティとは何か

　本書で取り上げるキャパシティ・ディベロップメントという言葉は、国際協力の分野で使用されている用語であるが、キャパシティという言葉は国際協力分野に限らず、広い分野で用いられている。キャパシティ・ディベロップメントは端的に和訳をすると「能力開発」であるが、日本の国際協力の世界の中では能力開発という言葉ではなく「キャパシティ・ディベロップメント」というカタカナ用語のままで利用されている。これはキャパシティ・ディベロップメントの手法が単に「能力開発」という言葉では収まらない広い意味をもつアプローチ方法であることが予想できる。そこで、もともとキャパシティという言葉にはどのような意味が存在しているのか、国際協力分野に限定せず広い範囲でキャパシティの意味を明らかにしていく。なお、キャパシティ・ディベロップメントを定義している全てのドナーがキャパシティを定義しているわけではない。キャパシティの捉え方を明記していないドナーも存在するのが現状である。

　初めに、国際社会においてすでに当たり前に使われているキャパシティ・ディベロップメントのキャパシティとは何を意味するのかを検討していく。

　ウェブスター英語辞典によると、キャパシティは四つの意味に分類される。第1に、建物や部屋などの「収容・収納」能力を意味する。これは、ある部屋の定員が何名なのかというのが、その部屋のキャパシティということである。第2に、法的な制限、資格、能力、または適正を意味する。第3に、人の潜在的な能力（ability）、才能（caliber）、進歩や発達の度合い（stature）、精神力や能力（capability）、そして有効な問題への洞察力などを意味する。これは、第1の意味である「収容・収納」が原義で、人間の頭を容器に見立てて、「物事を受け入れて処理する能力」の意が生まれている。第4に、有効なまたは可能な状況を意味する。キャパシティ・ディベロップメントのキャパシティの意味は3番目の「人の潜在的な能力、才能、進歩や発達の度合い、精神力や能力、そして有効な問題への洞察力など」という意味であるが、具体的に誰の、どの

第1章　キャパシティ・ディベロップメント　17

ような「物事を受け入れて処理する能力」を意味すると定義されるかは、各ドナーにより異なっている。

佐藤（2005）は、人々が持つ「力（パワー）」との比較として「能力」の意味を定義しており、「パワーとは、物事を決定し、実行し、実現する力」であるとしている（佐藤 2005：211）。さらに、パワーは単なる能力とは異なるという点が重要であり、個人の能力の結果としておのずと湧き上がってくるものではなく、他者との関係性の変化によって自ら獲得しなければならないものである（前掲書：211-212）。これに対して「能力」は、他者との関係性の変化なしに獲得することが可能であり、体力（重たいものを持ちあげる、高い所にあるものに手が届く）、知力（字が読める、計算ができる）などの能力は外部者（教師など）が教えることによって身に付くものである。識字能力、計算能力などもこれに当たるが、これらを獲得することによって自動的にパワーを獲得することにはならないとしている（前掲書：212）。

2001年にOECD/DACから出された貧困削減ガイドラインでは、貧困の定義を「様々な側面にわたる剥奪状態を意味し、具体的には経済、社会、その他の豊かさの基準を達成するための基本的な能力が欠如した状態を指す」としている（国際協力事業団 2003：6）。その「基本的な能力」をDACは①経済的能力、②人的能力、③政治的能力、④社会・文化的能力、⑤保護能力の五つに分類している（国際協力機構 2003a：23）。

①経済的能力とは、所得、消費、資産所有などを指し、これらの度合いは、食糧確保、物質的豊かさや社会的地位を決定する要因となる。②人的能力とは、保健、栄養、教育、安全な水や住宅などの確保を示す。病気や非識字は生活活動や経済的向上への大きな阻害要因になる。人間の幸せや豊かさにとって、人的能力の向上は中心的な要素であり、この能力を持つことが貧しい人々の生計や生活を改善させる。③政治的能力とは、人権や政治的な自由（公共政策や政治的重要課題に対する影響力及び言論の自由）の保障を意味する。これらの要因が剥奪されていると、政府当局による独裁や不公正などが横行し、暴力や紛争などを生み出し、貧困層に多大な被害を与える結果となる。④社会・文化的能力とは、人々が地域社会において価値あるメンバーとして参加することを意味し、それは非常に重要なことである。特に、社会的地位、尊厳、誇り、帰属

している文化的背景などが大きな影響要因となる。そして⑤保護能力とは、経済的、外的ショック（自然災害、凶作・不作、経済危機や暴動・紛争など）が起きても、自己防衛できる蓄えや安全を確保するができることを意味する。

これら五つの能力のうち、経済的能力や人的能力については UNDP や世界銀行により出された指標があるため、それらの報告書から入手が可能であるが、他の能力の指標については、標準化された定量的指標がないため、把握することが困難である。

オランダ外務省は、キャパシティという広い概念は五つの能力（capability）によって成り立っているとしている。それは、①適応、自己再生能力、②外部の利害関係者と連携する能力、③行動し、全力を傾ける能力、④首尾一貫して目的を成し遂げる能力、⑤開発目標を果たす能力、の五つである。これらの能力はどれも個々につくられているのではなく、密接な相互関係がある。特定の時期に評価をする基準が設けられ、その組織のキャパシティがどのように発展しているのかを査定するために、組織のキャパシティはモニターされ、時間をかけて追跡記録することができるようになっている（Lange 2009：2）。

以下、キャパシティ・ディベロップメントを定義付けているドナーで、キャパシティを定義付けている機関を代表して UNDP と国際協力機構（Japan International Cooperation Agency: 以下 JICA）を紹介する。まず UNDP では、キャパシティを「役割を果たす、問題を解決する、そして目標を設定し、達成する能力」であると定義している（Fukuda 2002：8）。UNDP が支援する国それぞれが異なるキャパシティの状況であるため、対象国に見合った方法でキャパシティを発展させる必要がある。国のキャパシティは単に個人のキャパシティの総体ではないこと、そして個人や組織それぞれに役割や目標があることに注意しなければならない。国や社会のキャパシティを発展させたいのであれば、個々の人間の技術を広げる必要があり、そのためには個々人がもった技術を使える機会の増加やインセンティブを与えることが求められる、としている（前掲書：8-9）。

JICA では、キャパシティを「途上国の個人、組織、社会などの複数レベルの総体としての課題対処能力」であると定義している（国際協力機構 2006：1）。そしてキャパシティを「テクニカル・キャパシティ」、「コア・キャパシティ」、

そして「環境基盤」という三つの構成要素からなると捉えている。テクニカル・キャパシティとは、「組織を構成していく各個人の『知識、技能（技術）』、業務を遂行する上で個人や組織に求められる特定の技術能力」を意味する。次にコア・キャパシティとは、「個人や組織において、すべての行動を方向づける根本的な能力（課題対処能力の中心となる力）」を意味する。これは、事業や業務を執行していく際のマネジメント能力や個人や組織の行動を方向づける「意思・姿勢」や「リーダーシップ」といったもの（意思や姿勢といったものに裏付けられた実務的な業務執行能力）のことである。そして環境基盤とは、「技術協力が対象としている組織がその能力を発揮し、成果を出すことを可能にする諸条件（enabling environment）のこと」である。具体的には、政策枠組み、法制度、市場経済制度などであり、物的な資産、資本、社会インフラといった資源も含まれるとしている（国際協力機構 2008b：14）。

　以上のように、各ドナーや研究者によってキャパシティの定義は異なる。上記のドナーのほかに、EC（欧州委員会：European Commission）や世界銀行などもキャパシティ・ディベロップメントの定義付けに合わせてキャパシティの定義付けをしており、同じ定義を用いている機関はない。キャパシティの定義が異なると、おのずとキャパシティ・ディベロップメントの定義も異なることが予想されるため、各機関でキャパシティ・ディベロップメントがどのように定義付けられているのかを、次項で概説する。

第2項　キャパシティ・ディベロップメントの様々な定義

　国際社会がアフリカへの援助の失敗等から「援助の有効性」を問い、援助効果向上のための一つの方策として援助の質の向上を求めた。その手段としてキャパシティ・ディベロップメントが注目されるようになったという創出経緯からわかるように、これまでの援助方法は見直され、効果的な援助と開発成果の達成に向けてドナーは有効な手法を模索している。キャパシティ・ディベロップメントは特別に新しいアプローチ方法ではなく[4]、過去の取組みの反省をもとにこれまでのアプローチ方法を見直した結果、出てきた概念である。本項では、主要ドナーのキャパシティ・ディベロップメントの定義について概説していく。

　これまでのドナーの問題点として、①途上国のオーナーシップに対する認識

が不足していたこと、②先進国の知識やモデルを対象国の状況に配慮せずそのまま移転していたこと、③途上国の政治・社会・経済環境に対する考慮が不十分であったこと、などが挙げられている（三輪 2008：11）。このような問題を踏まえた上で、ドナーがキャパシティ・ディベロップメントについてそれぞれ定義付けを行っている。以下に代表的なものを紹介する。

　まず、キャパシティ・ディベロップメントの概念を初めて発表したUNDPでは、キャパシティを「役割を果たす、問題を解決する、そして目標を設定し、達成する能力」であると定義した上で、キャパシティ・ディベロップメントを「個人、組織、社会が個別に、あるいは集合的にその役割を果たすことを通じて、問題を解決し、また目標を設定してそれを達成していく能力の発展プロセス」としている（Fukuda 2002：8）。さらに、国や社会のキャパシティを発展させたいならば、個々の人間の技術をより向上させなければならないが、ここで押さえておくべきことは、キャパシティ・ディベロップメントは人的資源の発展のみではなくより大きな概念であり、技術を獲得することだけではなく獲得した技術や能力を使うことまでがキャパシティ・ディベロップメントのアプローチの中に含まれる。これがひいては雇用の構造ではなく、ソーシャル・キャピタルと市民活動に人々が参加し始める様々な理由となるとしている（前掲書：9-10）。

　表２の「主要ドナーのキャパシティ・ディベロップメントの定義」の中に記されていないドナーの中には、キャパシティ・ディベロップメントという表現は用いていないものの、援助方針にキャパシティ・ディベロップメント概念が記されている国もある。例えば英国国際開発省（Department for International Development: 以下 DFID）では、キャパシティ・ビルディングという言葉を用い、貧困削減戦略の遂行のために制度強化に重点を置くべきであるとしている。そして開発事業を成功させるためには、技術競争力を高めるだけでなく、同時に制度面の整備を行う必要があるとし、キャパシティ・ビルディングは組織だけでなく制度面も考慮に入れて実施すべきであるとしている。このように、DFIDではキャパシティ・ディベロップメントではなく「キャパシティ・ビルディング」を用いているが、実際にはその手法はキャパシティ・ディベロップメントと類似しているといえよう。

日本の援助機関であるJICAは、キャパシティを「途上国の課題対処能力」であると定義付けた上で、キャパシティ・ディベロップメントとは「途上国の課題対処能力が、個人、組織、社会などの複数レベルの総体として向上していくプロセス」である、と定義づけている。さらに、途上国の課題対処能力の向上を支えることこそ、援助の役割であるとしている（国際協力機構2006：1-2）。

表2：主要ドナーのキャパシティ・ディベロップメントの定義

ドナー機関名	Capacityの定義	キャパシティ・ディベロップメントの定義
JICA	途上国の課題対処能力	途上国の課題対処能力が、個人、組織、社会などの複数のレベルの総体として向上していくプロセス
UNDP	役割を果たす、問題を解決する、そして目標を設定し、達成する能力	個人、組織、制度や社会が個別にあるいは集合的にその役割を果たすことを通じて、問題を解決し、また目標を設定してそれを達成していく能力の発展プロセス
GOVNET/DAC	個人、組織、社会が自分たちの課題を全体として望ましい方向に管理していく能力	個人、組織、社会が全体として自らのキャパシティを発揮、強化、構築、適用、そして維持していくプロセス
CIDA（カナダ国際開発庁）	定義なし	途上国の個人、グループ、組織、社会が開発問題を持続的な方法で同定、解決する能力を向上させるプロセス
GIZ（ドイツ国際協力公社）	定義なし	個人、組織、社会がそれぞれの目標を持続的に達成するために、資源を効率的、効果的に使用する能力を強化するプロセス
EC	課題を実行しアウトプットを出すこと、課題を明確にし解決すること、そして情報を選択する能力	個人や組織が時間の経過とともに自らのキャパシティを創造し、強化していくプロセス
世界銀行	人々、組織、社会が全体として、課題を設定・解決し、十分に周知された選択を行い、優先事項を決定し、将来の計画を立てられる能力	人的資本の投入や構築、そして組織的な慣習の変化及び強化による指導力の発揮や、介入の調整をその国が行うようになる緩やかなプロセス

出典：Fukuda（2002）、国際協力機構（2006）、GTZ（2003）European Commission（2005）を基に筆者作成。

表2からもわかるように、各ドナーのキャパシティ・ディベロップメントの定義は言葉の使い方に違いがあるものの、基本的な考え方は類似であるといえよう。しかし、明らかに異なる点が1点ある。それは、キャパシティ・ディベロップメントの対象を「国」まで拡げているか否かである。

　本書で取り上げているキャパシティ・ディベロップメントはあくまでも国際協力における概念の一つである。キャパシティ・ディベロップメントの定義を「国」まで拡げるかどうかで何が変化するのかというと、その達成の「評価」が異なってくる。すなわち、国際協力における時間ファクターと評価のスケールが異なってくることになる。JICAやCIDA（カナダ国際開発庁）のようにキャパシティ・ディベロップメントの定義に「国」という言葉を入れるということは、支援された「国」が全体として目標達成や成果を出さなければ、キャパシティ・ディベロップメントの概念による目標の達成にはつながらない。一方、「国」を定義の中に入れていない場合は、国の変化まで評価対象にする必要がなく、支援を行ったコミュニティや団体が目標達成や成果を出すことができれば、キャパシティ・ディベロップメントの手法による目標の達成という評価ができる、という違いが生じる。JICAやCIDAは2国間援助機関であるため、各国のODA政策がキャパシティ・ディベロップメントの定義にも影響を及ぼしているといえる。

　ではここで、日本のODAについて概説をしておく。本書の中ではキャパシティ・ディベロップメントが日本のODAの中で有効に働く概念であるかを検討するため、そのODA実施機関であるJICAの取組み方は非常に重要といえる。

　国際協力を先進国から途上国への資金の流れによって区分すると、「ODA、その他の政府資金、民間資金、NGOによる贈与の4つに区分される。そのうちODAは、①中央・地方政府を含む公的機関やその実施機関より供与される、②途上国の経済開発及び福祉向上を主たる目的とする、③緩和された供与条件（グラント・エレメント[6]25％以上）という3つの条件を満たす資金の流れのことをいう。ODAには、国連機関への拠出や出資を通じて行われる『多国間援助』と特定国を対象とする『2国間援助』がある。ODAの実施方法には開発に必要な資金を提供する『資金協力』と、途上国の開発に必要な技術を提供する『技術協力』がある」（外務省 2008：51）。キャパシティ・ディベロップメントの

議論の対象となっているのはこの『技術協力』である。日本において技術協力は、技術協力プロジェクト、個別専門家、研修員受入、開発計画調査型技術協力、という四つの協力形態があり、JICA が実施している。

日本の ODA は、1992 年 6 月 30 日に閣議決定された「ODA 大綱」（旧）のもと行われて、旧大綱では「自助努力支援」や「要請主義」がその理念として位置付けられた。その後 2003 年 8 月 29 日の閣議決定によって、ODA 大綱は改訂され、自助努力や要請主義といった概念が引き継がれると共に、新しい理念として、①開発途上国の自助努力支援、②「人間の安全保障」の視点、③公平性の確保、④我が国の経験と知見、⑤国際社会における協調と連携、が掲げられている。

新 ODA 大綱によると、日本の ODA の目的は「国際社会の平和と発展に貢献し、これを通じて我が国の安全と繁栄の確保に資する」ことである。つまり日本が国際社会の発展に貢献すると共に、その貢献が日本の国益になることが前提となっていると解釈できよう。それは「日本は日本のみで現在の豊かさを築いているわけではなく、人道的問題や地球的規模の問題は放置すれば、日本の利益に対する直接の脅威となる」、「日本は資源や食糧の多くを海外からの輸入に依存しているため、それらの安定的な供給を可能とする国際環境の維持と日本の製品の輸出や企業の進出をさらに促進する国際経済体制が重要である」と、ODA 白書に記されていることからも明らかである（前掲書：25）。相互依存関係である国際社会において、日本が平和と繁栄を確保するために、ODA は必要な国際協力の手段である。国際社会が一致して人類共通の課題に取り組もうとしている中で、日本が十分な信頼を得て、かつ自らの国益を追求していくためには、それ相応の支援の量を確保することが重要である。しかし、2006 年に閣議決定された「経済財政運営と構造改革に関する基本方針 2006」において、2007 年度から 5 年間の歳出改革として ODA 予算を前年度比 2 〜 4 ％削減することが決定したことを受け、ODA 額の減額が続いている（前掲書：12）。日本政府は援助の量を増加させることが困難な経済状況にあることから、援助の質を向上し、より効果的な援助を行うことが求められている。

2005 年に発表された ODA の中期政策では、ODA 大綱の基本方針の一つである「人間の安全保障の視点」から、重点課題である「①貧困削減、②持続的

成長、③地球的規模の問題への取組み、④平和の構築、そして⑤効率的・効果的な援助の実施に向けた方策」を取り上げ、方針を示している。人間の安全保障の視点とは、テロや環境破壊、感染症、国際組織犯罪といった国境を越えた脅威、突然の経済危機や内戦などによる人道上の危機が増大していることから、これらに対応していくにはグローバルな視点や地域・国レベルの視点と共に、個々の人間に着目した視点が必要であることを意味する。これは一人ひとりの人間を中心に据えて、個人及び地域社会の保護と能力強化を通じ、各人が尊厳ある生命を全うできるような社会づくりを目指す考え方である（前掲書：273-285）。このような人間の安全保障という考え方は、これまでの援助の成果や効果が、被援助国の経済成長を目標・評価の対象としていたのに対して、被援助国の貧困削減を援助の目標として評価対象に移行している。人間の安全保障の実現は非常に重要な概念であるが、実際には長期を要するアプローチである。JICAは上記で述べたような理念や政策を掲げる日本のODAの実施機関であるため、JICAが行う援助は対「国」となるので、キャパシティ・ディベロップメントの対象も「国」としていると考えられる。

　以上のことを踏まえた上で、本書におけるキャパシティとは「課題を認識し、その解決策を選択し、実行する能力」と定義する。そしてキャパシティ・ディベロップメントとは、「個人、組織、社会が自らのキャパシティを構築し、強化し、適用していくプロセス」と定義づける。敢えてキャパシティ・ディベロップメントの対象とは国とはせず、地域コミュニティ等の組織の発展も含めてキャパシティ・ディベロップメントを捉えることとする。

第3項　キャパシティ・ディベロップメントの特徴

　では、キャパシティ・ディベロップメントは実際にはどのような方法を用いて援助を行う概念であるのか、そのキャパシティ・ディベロップメントの特徴を以下に概説する。各機関のキャパシティ・ディベロップメントの定義が類似しているのは、ほとんどの機関がその特徴を踏まえているためだろう。

　キャパシティ・ディベロップメントの特徴は3点ある（図1）。第1に、キャパシティを個人、組織、制度・社会といった複数のレベルで包括的に捉えることである。これまでの援助は対個人のみ、あるいは政府機関に対する支援といっ

図1：キャパシティ・ディベロップメントの包括性（3層の捉え方）

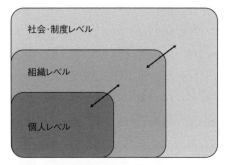

出典：国際協力機構（2006：.2）

た対組織のみの支援であったが、キャパシティ・ディベロップメントの概念は途上国の主体を個人、組織、社会などの複数のレベルで捉えているのである（国際協力機構 2006：1-2）。前項の各ドナーの定義からもわかるように、この特徴についてはすべてのドナーで一致しているキャパシティ・ディベロップメントの概念である。この個人、組織、社会などの複数のレベルを別個ではなく、総体として「包括的な」視点をもって支援を実施していくことが重要であるとしている。また、各レベルは相互に影響しあう関係であり、一つのレベルだけに支援や成果を集中させてしまうと、無効果であると考える概念である。総体としてのキャパシティは、向上することも停滞することも、また損なわれることもあるため、キャパシティを構成する各要素がそれぞれどのような働きをしているかをしっかりと把握することが求められる（前掲書：4）。キャパシティを包括的に捉えることで、個人や組織を超えた広い視野で捉えられるようになり、各要素の相互作用に注目することが重要な点である（前掲書：5）

第2の特徴は、キャパシティの内発性である。ドナーからの支援が終了した後も途上国が持続的に課題を解決していく能力をつけるためには、途上国自身の主体性を重視する必要がある。つまり、この特徴は途上国のオーナーシップ（主体性）を重視しているのである。途上国が自ら課題を解決するためには、途上国のもつキャパシティの「内発性」を引き出し、ドナーは後押しするような支援方法を用いる必要がある。これまでの支援のように問題解決のために途上国の足りない部分を埋めるような支援ではなく、問題解決につながるよ

うに、途上国自身の内発的な発展(9)を引き出すことが求められている。ドナーのもつ近代的な技術をそのまま途上国に導入するのではなく、途上国に昔からある技術と統合できるような技術や知識とドナーのもつ知識を共有し、途上国が自ら問題解決に必要な事項を考えて新たな方法を見出していくことである（同上）。どれだけ途上国自身が参加／参画するかがポイントとなる。図2は従来の支援のように、キャパシティをただ移転する支援とキャパシティ・ディベロップメントの違いを示している。

図2：キャパシティ・ディベロップメントの内発性

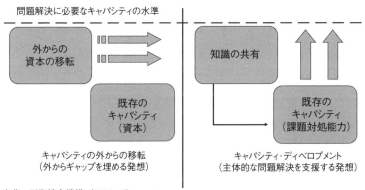

出典：国際協力機構（2006：5）

　第3に、ドナーがファシリテーターの役割を担うことである。上述のような途上国の自助努力のもとに支援する、いわゆる内発的発展を支援することが援助の役割であるとするキャパシティ・ディベロップメントの考え方に基づくと、ドナーは途上国のキャパシティ・ディベロップメントを側面支援する「ファシリテーター」としての役割を担う必要がある。つまり、ドナーは途上国に対してキャパシティ・ディベロップメントを促す良好な環境づくりをしなければならない。それには①オーナーシップ（主体性）、②良好な政策・制度環境、③インセンティブ、④リーダーシップ、⑤知識、という五つの要素が必要になる（前掲書：11-12）。
　①オーナーシップ（主体性）は、成果の持続性を確保するために重要であり、

キャパシティ・ディベロップメント支援の大きな目的でもある。裨益者に主体性を与えることは、自信をもつことに繋がる。主体性をもった裨益者をエンパワーし、キャパシティを拡大させることにも繋がる。ドナーがファシリテーターとしての役割を果たすことが大前提として挙げられていることからも、裨益者側の主体性をもつことは必須である（同上）。

②良好な政策・制度環境は、どのような環境のもとで協力を行うか次第で開発効果及びキャパシティ・ディベロップメントへの影響が変化する。マクロ経済の安定や一貫した政策、政策決定者の高い参加／参画などはキャパシティ・ディベロップメントを促進するが、実施可能性の低い政策や汚職などはキャパシティ・ディベロップメントを阻害する（前掲書：13）。

③インセンティブは、個人のモチベーションを高め、学習を促す。法律や契約、政府の構造のようなフォーマルなものもあれば、文化のようなインフォーマルなものもある。またインセンティブの大きさは、リーダーシップの強さにも影響を受ける（同上）。

④リーダーシップに関してUNDPは、キャパシティ・ディベロップメントとリーダーシップの関係は、根本的なものであり、リーダーシップの醸成は、個人、組織、社会のキャパシティ向上へ向けた投資の効果を保証する。一方、リーダーシップを欠くことは、個人や組織の育成という数十年にわたる作業を無駄にする可能性がある、としている（Lopes and Theisohn 2003, 国際協力機構 2006：14）。良いリーダーは周囲の人々との関係性や信頼を強化することができ、エネルギーを同一の方向に向かわせ、主体性を向上させることができる。

そして⑤知識は、キャパシティ・ディベロップメントにとって重要な要素として二つに分類される。それは、(i)現地で想像し獲得する知識と、(ii)蓄積し国際的に共有する知識である。(ii)は途上国同士の南南協力も、国際的な知識共有の方法として注目されている。知識は途上国の能動的な学習によって「獲得」されるものであり、途上国が先進国で長年培われた知識をそのまま単純に取り入れることはできない。そしてドナーは、まず現地に存在する知識や慣習を深く理解し、それらを伸ばす方法を見出すことから始める必要がある（国際協力機構 2006：14）。

これら五つの要素もまた、相互に関連し合っているといえよう。日本の

ODAは先述のように自助努力を理念として掲げているため、オーナーシップ（主体性）はこれまでの支援の中で重要な要素となっている。また、もう一つの重要な理念である要請主義で支援を行っていることも、インセンティブが途上国に少なからずある状況を保ちながら支援を行っていることになるだろう。

第4項　キャパシティ・アセスメント

以上のようなドナーの役割を認識した上で、被援助国にどのような支援が必要か見極めるには、援助プログラム策定前に対象国のキャパシティの現況を認識する必要がある。そこで求められるのが、キャパシティ・アセスメント（Capacity Assessment）である。

JICAではキャパシティ・アセスメントを「途上国の個人や組織、社会などの複数のレベルの総体として課題対処能力（キャパシティ）の現状と変化のプロセス（キャパシティ・ディベロップメント）を様々な視点から診断し、その結果をキャパシティ・ディベロップメント戦略の策定のために関係者間で共有する作業」と定義している（国際協力機構2008b：1, 6）。キャパシティ・アセスメントの定義はキャパシティ・ディベロップメントの定義と同様、各ドナーによって考え方や表現の仕方が異なる。しかしキャパシティ・ディベロップメントの手法を導入しているすべてのドナーが、キャパシティ・ディベロップメントにおける最初の現状把握、または実施後の評価としてキャパシティ・アセスメントを必ず行うべき作業であると位置付けている（前掲書：6-7）。ドナーも裨益者も共に現在のキャパシティの状況を把握することによって、強化すべき点や課題を見出し、どのような方法を用いて克服すべきかを検討することが可能になる。

キャパシティ・アセスメントの目的・役割は三つに分類される。第1に、支援対象のキャパシティの現状を診断した結果を裨益者と共有し、キャパシティ・ディベロップメント達成に向けた戦略作りをする。第2に、支援対象のキャパシティのベースラインを知るだけでなく、その変化プロセスを把握し、キャパシティ・ディベロップメント戦略そのものの変更可能性について検討ができる。そして第3に、キャパシティ・ディベロップメントのためのカウンターパートとドナーとの対話ツールである。（前掲書：1,8-9）。

このようにドナーはキャパシティ・アセスメントの必要性の認識をしているものの、画一したキャパシティ・アセスメントの手法は存在しない。それは一言に援助と言ってもあらゆる分野にまたがっており、一つの評価方法では全てを計ることは困難であるからである。しかし、どのような手法がキャパシティ・アセスメントになり得るか、どこまでをアセスすれば裨益者のキャパシティの現状を把握できるのかの明示が必要である。キャパシティ・ディベロップメントは長期的な視点で捉える必要があることから、一定期間経過ごとにモニタリング調査としてキャパシティ・アセスメントを行うことになる。そのキャパシティ・アセスメントも裨益者が主体となって実施できるようになることが求められる。

　UNDPでも、5段階あるキャパシティ・ディベロップメントプロセスのステップ1：利害関係者のキャパシティ・ディベロップメントへの参加の次のステップ2に「キャパシティ・アセスメント　強みと欠乏の抽出」と位置付けられている（図3参照）。キャパシティ・アセスメントは「現在のキャパシティを分析し、望ましい未来のキャパシティの状況を目指した作業といえる」と定義している。この査定はキャパシティの強みと欠乏しているところを理解するために行い、反応を見てキャパシティ・ディベロップメントの考案を行うこととしている（UNDP 2008：10）。つまりUNDPも、このキャパシティ・ディベロップメントの5段階プロセスが円形になっていることから見てもわかるように、

図3：UNDP　キャパシティ・ディベロップメントの5段階プロセス

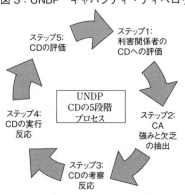

出典：UNDP2008：9をもとに筆者作成

ステップ5でキャパシティ・ディベロップメントの評価を一度した上で、再度キャパシティ・アセスメントを行い、今後の方向性や取組み方法について検討していくという、他のドナーと同様の意味でキャパシティ・アセスメントを捉えている。

第2節　他のアプローチとの比較分析

前述のように、キャパシティ・ディベロップメント概念はとりわけ新しい概念ではないため、これまで国際協力の中で利用されてきたアプローチ方法と類似していたり、関係していたりするものが多い。そこで、他のアプローチとの比較をすることによって、より詳細なキャパシティ・ディベロップメントを見出すことを試みる。

第1項　キャパシティ・ビルディング

キャパシティ・ディベロップメントの概念を理解するためには、これまで国際協力の中で用いられてきたキャパシティ・ビルディング（Capacity Building）との違いを理解する必要があるといえよう。キャパシティ・ビルディングは用語としてもキャパシティ・ディベロップメントと「キャパシティ」という同じ言葉が用いられていることから、区別が必要である。他のドナーにおいてはキャパシティ・ビルディングという用語を用いつつ、その概念はキャパシティ・ディベロップメントである手法も存在している。これまで用いられてきたキャパシティ・ビルディングとは、援助国のもつ技術を途上国にそのまま植え付ける形で新しく作り上げることである。途上国の状態や環境に合わせることはしない。キャパシティ・ビルディングでの支援の対象は、個人や組織のみで課題の解決や予防の方法を途上国に対して構築してきた。

国際協力機構（2006）によると、キャパシティ・ディベロップメントとキャパシティ・ビルディングの相違点は3点ある（表3参照）。

第1に、支援対象の違いである。キャパシティ・ビルディングは主に個人や組織の能力向上を対象とするのに対し、キャパシティ・ディベロップメントはそれらに加えて制度や政策の整備、社会システムの改善などまで広く、包括的

表 3：キャパシティ・ビルディングとキャパシティ・ディベロップメントの比較

	キャパシティ・ビルディング	キャパシティ・ディベロップメント
用語の意味	途上国の能力を新たに外から構築する介入行為	裨益対象者自身による内発的なプロセス
支援対象	個人や組織	個人、組織、社会を包括的に捉える
視野に入れる段階	キャパシティの構築段階のみ	キャパシティの構築、強化、維持、といった継続的な段階

出典：筆者作成

に支援対象としている。第2に、用語の意味の違いである。キャパシティ・ビルディングは援助国のキャパシティを途上国に植え付けるという外から構築する介入行為を意味する用語であるのに対し、キャパシティ・ディベロップメントは途上国自身による内発的なプロセスそのものを援助国がファシリテートしながら共に構築していくことを意味する用語である点である。そして3点目として、キャパシティ・ビルディングはキャパシティを構築する段階のみを焦点を当てている支援であるが、キャパシティ・ディベロップメントはキャパシティを構築、強化、維持する継続的なプロセスであることを強調している点である。つまり、これまでJICAが行ってきたキャパシティ・ビルディングは、カウンターパート機関に対して援助をする側である専門家等が事業を行うという、新しい知識を教えるというスタンスをとっていたが、キャパシティ・ディベロップメントは相手側の構築、強化、維持というプロセスの側面支援を行うファシリテーター[10]としての役割を担うことを意味している点が基本的な相違点である（国際協力機構 2006：6-7）。

　以上のように、キャパシティ・ビルディングとキャパシティ・ディベロップメントの相違点は示されているが、実際の現場においては明確な違いが存在していないのが現状である。そもそも国際協力自体が途上国への介入行為であるとも考えられるので、ファシリテーターとしての役割を担ったとしてもそれは介入行為になるとも考えられよう。

第2項　ケイパビリティ・アプローチ

1．ケイパビリティ・アプローチとは

　センのケイパビリティ・アプローチ[11]とは、それまで経済学において主流であっ

た所得という手段や効用という結果によって人々の福祉または生活を捉えようとするアプローチに対して、個々人の実質的な生活そのものの質や暮らしぶりの良さ（QOL: Quality of life）によって良い生活を捉えようとする志向の枠組みである。ケイパビリティ・アプローチは、「ある個人が社会、経済及び個人的な資質の下で達成することができる、〜であること（being）と、〜すること（doing）を代表する、一連の選択的な機能（functioning）の集合体」として生活そのものを捉えている。それらの機能が実行できる可能性や自由、選択の幅がどれくらいあるかによって生活の質や良さを捉えるものとしてセンは「ケイパビリティ」という概念を創出した[12]（セン 1999：66）。

そして人々の良い生活とは、この「ケイパビリティ」の向上として理解し取り組むことが重要であるとした。その理由は、人間は様々な面で互いに異なった存在である（人間の多様性）と考えるからである（前掲書：25）。例えば所得という手段が同一であったとしても、実際にその手段が有効に活用されるかどうかはその個人の特性（性別、年齢、障害の有無など）と社会の環境（社会的背景や環境など）によって決定されるケイパビリティによって異なる（前掲書：25-26）ため、その人にとってある機能を達成できる可能性をもつケイパビリティによって見なければ、実質的な生活を捉えることができないのである。また達成された機能ではなく、選択の可能性・自由としてのケイパビリティとして良い生活を見るのは、選択された機能が同じだとしても選択の幅・自由があることでその意味が異なる。

ゆえに、ケイパビリティ・アプローチは、貧困という概念も単に所得という手段の程度が低いことではなく、ケイパビリティの制限として捉えている。また、ケイパビリティは社会という環境を反映する概念であることから、差別や社会からの疎外という状況を反映する枠組みとなっている。また、ケイパビリティとは選択の幅であるため、選択の自由という意味での「自由」と密接に結びついたものとなる。

ケイパビリティ・アプローチのもう一つの重要な点は、個人の生活の質という良い生活という側面と同様に、その個人の生活の質の向上とは直接関係なくとも、その個人が追求する理由と価値があると認める目標に対して、主体的・能動的に行動する「エージェンシー」[13]という側面についても同様に注意を払っ

ている（前掲書：85-88）。すなわちケイパビリティ・アプローチとは、人間の多様性という理解に立ち、人の生活の良さを、生活の手段や結果ではなく生活そのものを見ることによって捉え、資源、個々人の特性、そして環境という生活に影響を与える三つの多様な要素をそれぞれ別々に捉えるのではなく、それらを生活の構成単位である「機能」とその選択可能性であるケイパビリティに変換し捉えるアプローチである。

　センがこのケイパビリティ・アプローチによって明確にしようとしているのは「何の平等か？」という点についてである。すべての人間が同質であれば、例えば、所得という手段（変数）を平等にすればそこから生ずる結果も平等になる。しかしながら、すべての人は個人の特性においてだけでなく、置かれている環境においても本質的に異なっており、所得という変数が平等であってもそれがそのまま良い生活を平等に向上させるとは限らない（前掲書：19）。そのためセンは手段や環境という間接的なものの平等ではなく、あることを選択しようとしたときにすべての変数を考慮した上で、それが実質的に可能であるかどうかという点での平等、つまり実質的な機会の平等・均等化を重視しているのである。

　また、開発を「人々が享受する真の自由を拡大させるプロセス」と捉え、人間の自由の向上を基準の開発プロセスと判断している。センは「自由の拡大」は一義的な目的であり、開発の主要な手段であると見ている。これらはそれぞれ、開発における自由の「本質としての役割」と「道具としての役割」と呼ばれ、本質としての役割とは、人間の生活を豊かにする上での本質的な自由の重要さと関わっており、飢餓や栄養失調、避けることのできる病的状況といった欠乏状態を回避することができる基本的な能力、識字や計算能力、政治的参加の享受等と関係がある自由を指す。

　センは道具としての役割の自由として、①政治的自由[14]、②経済的便宜[15]、③社会的機会[16]、④透明性の保証[17]、⑤保護の保障[18]、という五つの種類の自由を例に挙げている（セン2000：41）。これら手段としての自由は、ある人が自由に生きるための一般的なケイパビリティを高める傾向があり、相互補完している。またセンは、人間は機会が与えられれば自らの運命の形成に積極的に関与するものと考えている。国家と社会には人間のケイパビリティを強める上で広範囲の

役割がある。それは、でき合いのものを提供するのではなく、人を助ける補助的な役割であるとする（同上）。つまりセンは、国の政治が改善されなければ、個々人の生活は変化しないと考えているのである。

2. ケイパビリティ・アプローチとキャパシティ・ディベロップメントの相違点

ケイパビリティ・アプローチとキャパシティ・ディベロップメントはケイパビリティ（capability）とキャパシティ（capacity）という、どちらも日本語訳をすると「能力」となる言葉を用いている。ケイパビリティ（capability）の意味を辞典で調べると、①物理的、知的、道徳的または法的に対応される資質や状態、②能力の開発または改善する可能性が高い機能や特色、③指示された行動や措置の影響を受けやすい資質や状態、という三つの意味に分類される[19]。しかし、キャパシティが人の物事を受け入れて処理する能力であるのに対して、ケイパビリティは「どのようなことができるか選択肢を考え、そしてその選択肢の一つを実行する能力」を意味すると考えられる。

表4のように、キャパシティ・ディベロップメントとケイパビリティ・アプローチにはいくつかの相違点がある。第1に、援助の結果の捉え方（判断基準）である。キャパシティ・ディベロップメントは個人、組織、そして制度や社会といった複数の層からキャパシティを捉えて、最終的には援助受け入れ国の能力の持続可能性を引き出すことを目的としている。一方、ケイパビリティ・アプローチは複数の層に対して支援をすることはキャパシティ・ディベロップメントと同様であるが、その効果を個々人の実質的な生活の質で捉えている。この実質的な生活の質とは、人々の享受する自由の大きさである。キャパシティ・ディベロップメントは複数の層の個々を点で捉え、点同士の相互に与える影響から面で援助の結果を求めるのに対し、ケイパビリティ・アプローチは、面の質を点から見ているのである。対象とする国や地域、組織や人によって異なることから統一した枠組みを決めず、柔軟性を持って取り組む点は両者共に同じであるが、ケイパビリティ・アプローチは最もミクロな点である個々人の相違から捉えている。その個々人の生活の質や実質的な機会の平等を達成するためには、政府の働きかけによる社会の変化が求められている。つまり、ケイパビ

リティ・アプローチの達成には、トップダウンのアプローチとボトムアップのアプローチの双方が必要であることを示している。

表4：キャパシティ・ディベロップメントとケイパビリティ・アプローチの相違点

	キャパシティ・ディベロップメント	ケイパビリティ・アプローチ
定義	途上国の課題対処能力が個人、組織、社会などの複数レベルの総体として向上していくプロセス	人々が享受する真の自由を拡大させるプロセス
目的	裨益対象の持続可能な開発	個々人の生活の質、実質的な機会の平等
視点	複数の層（個人、組織、社会）	複数の層（個人、組織、社会）
方法	国、地域、組織、人により異なるため、柔軟性を持って取り組む（統一方法なし）	全ての人間は異なるという理解に立つため、統一方法なし
判断基準	特定の判断基準なし　取組みにより異なる	人間の自由の向上を基準に開発プロセスを判断
個人の捉え方	特定の記載なし	人間は機会が与えられれば自らの運命形成に積極的に関与する

出典：筆者作成

第3項　ソーシャル・キャピタル

1．ソーシャル・キャピタルとは

ソーシャル・キャピタル（Social Capital）には明確な定義は存在しないが、「ネットワーク」、「信頼」や「規範」を資本と考えることで、それらが社会で形成、蓄積されると捉える概念であると一般に認識されている（坂田2007：11）。ソーシャル・キャピタルという概念に対する関心を高めさせた一人として、まずジェームズ・コールマン（James S. Coleman）を取り上げる。

コールマンによると、ソーシャル・キャピタルは人と人との関係性の中にあるものであり、様々な存在形態から成っている。いずれも社会構造におけるアクターである個人または組織の行為を促し、他の資本と同様に生産的で特定目標を達成しうる、としている（Coleman1990：304）。その具体例としてコールマンが挙げたのは、学生運動の母体となる同じ高校、出身地、教会などの人間関係、医師と患者の信頼関係、子どもの安全を見守る地域社会、市場で互いの客にサービスする業種の異なる商人たちの協力関係を挙げている。ある行為を

促すためのソーシャル・キャピタルは、他のアクターにとっては行為を抑制したり、害をもたらしたりするものでもあることから、コールマンの概念提起に対して批判があることも明言している。

さらに「社会的行為」の解釈には、人間行動を社会的な文脈で捉え、人間が規範、規則、義務によって支配されているとみる社会学的な潮流と、アクターは利己的でそれぞれバラバラな目標を持ち独立して行動するとみる経済学的な潮流がある。前者はソーシャル・キャピタルには「義務」、自分の果たす義務が報われることへの「期待」、制裁を伴う「規範」という三つの形態がある（コールマン 2004、坂田 2007：11、内閣府ウェブサイト）。

続いて、幅広い範囲でソーシャル・キャピタルを普及させ、多大な影響を与えているロバート・パットナム（Robert D. Putnam）の理論を紹介する。パットナムはコールマンの概念を基本的に受け継ぎながら、1993 年の著書 *Making Democracy Work*（邦訳『哲学する民主主義』）において、ソーシャル・キャピタルとは「人々の協調行動を活発にすることによって社会の効率性を高めることのできる『信頼』、『規範』、『ネットワーク』といった社会組織の特徴」であると定義付けている（パットナム 1993）。

パットナムの定義によると、「信頼」とは「知っている人に対する厚い信頼（親密な社会ネットワークの資産）」と、「知らない人に対する薄い信頼（地域における他のメンバーに対する一般的な信頼）」を区別し、後者の「薄い信頼」のほうがより広く人々の協調行動を促進することに繋がるため、ソーシャル・キャピタルの形成に役立つとしている。信頼があると自発的な協力が生み出され、自発的な協力がまた信頼を育てるとしている。

このようにパットナムは、信頼をソーシャル・キャピタルの本質的な構成要素の一つとして捉えていたと同時に、ソーシャル・キャピタルが信頼を生み出すとも考えていた。「規範」については、様々な規範の中でも互酬性（同等価値のものを同時に交換）と、一般化された互酬性（現時点では不均衡な交換でも将来均衡がとれるとの相互期待をもとにした交換の持続的関係）に分類した。そして一般化された互酬性は、短期的には相互の利益になるようにという愛他主義に基づき、長期的には当事者全員の効用を高めるだろうという利己心に基づいており、利己心と連帯の調和に役立つとされている。

「ネットワーク」には、職場内の上司と部下の関係といった垂直的なネットワークと協同組合といった水平的なネットワークがある。パットナムは、イタリアの研究において垂直的なネットワークがどんなに緊密であっても、社会的信頼や協力を維持することはできないが、近隣集団やスポーツクラブといった市民の積極的な参加による水平的なネットワークが密になるほど市民は相互利益に向けて幅広く協力すると考えた。つまり、イタリア北部の各州では「水平的ネットワーク」、南部の各州では「垂直的ネットワーク」が発達していたということである。家族や親族を超えた幅広い「弱い紐帯」を重視し、その中でも特に、「直接顔を合わせるネットワーク」が核であるとされている。

以上の三つのソーシャル・キャピタルの構成要素の関係について、パットナムは、互酬性の規範と市民の積極的な参加のネットワークから社会的信頼が生じる可能性を指摘し、さらに、いずれかが増えると他のものも増えるといったように相互強化的であると主張している（図4参照）。

コールマンの議論では、ソーシャル・キャピタルは個人に帰属するものであり、小規模のネットワーク内における協調行動から得られる個人の潜在的な利益がその議論の焦点としている。それに対してパットナムは、ソーシャル・キャピタルを個人の行動を説明する概念としてではなく、より広い範囲で「市民社会度（civicness）」という社会のあり様の尺度として捉えている。そしてフランシス・フクヤマ（Francis Fukuyama）が考えるソーシャル・キャピタルの機能する範囲は、さらに広がっている。フクヤマは、ソーシャル・キャピタルが国単位でそのマクロ経済成長に寄与する要素であると位置づけた。今日の自由

図4：パットナムのソーシャル・キャピタルの関係性

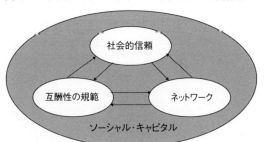

出典：パットナム（1993）

市場経済において最も成功しているのは、広範な組織における自発的協調行動を促すような宗教的、文化的な下支えのある国である、とも述べている。フクヤマの定義では、「家族・血縁関係を越えた広範な人間関係の中に築かれた信頼が社会関係資本」であり、それが強固に存在しない社会では、経済的な繁栄が望めないとしている。

　また、国際協力の文脈において世界銀行も国際協力の文脈で積極的な議論を展開している。世界銀行はソーシャル・キャピタルを「社会構造全般と対人関係に関わる個人の行為を規定する規範全体」と定義づけている。世界銀行は1993年からソーシャル・キャピタルを取り上げ、1996年には「社会関係資本イニシアティブ（Social Capital Initiative: SCI）」というワーキンググループを設立した。社会関係資本イニシアティブは、ソーシャル・キャピタルを社会が成長していく中で必要となる様々な資本（人的資本、物的資本など）の「ミッシングリンク」であると位置づけた。つまり各々の資本をつなげる糊のような役割をソーシャル・キャピタルが果たしているとした（坂田2007：24）。

　コールマン、パットナムそしてフクヤマは、個人や組織において信頼やネットワークが築かれることで派生する協調行動によって、社会が繁栄していくことがソーシャル・キャピタルであると考えているため、社会の繁栄に政府の働きかけの必要性が述べられていない。例えばコールマンは、政府のサービスが普及すると、住民のネットワークが縮小・崩壊するという政府の介入とソーシャル・キャピタルのゼロサム論を唱えている。このような意見に対して国際協力の文脈においてソーシャル・キャピタルの議論を展開している世界銀行やピーター・エヴァンス（Peter Evans）は、「政府の働きかけを通して途上国の個人やコミュニティなどの組織の信頼やネットワークが構築されるとしている」（前掲書：15）。そのネットワークを活用して国際協力を行うことで、その後のネットワーク維持に向けて規範が構築され、ソーシャル・キャピタルが蓄積される。そしてそのソーシャル・キャピタルを有効に活用することによって、国際協力がより効率的に進めることができるとしている。つまり政府の働きかけが重要な要素であり、ソーシャル・キャピタルが構築されることによって政府と地域のコミュニティが相乗効果（シナジー構築）する関係が構築されるのである。

　また、ウールコックやナラヤンはそのシナジーを社会的連携（Social tie）と

いう概念に置き換えて、ミクロレベル、マクロレベルでそれぞれどのような社会的連携を築く必要があるのか、という説明を試みている。その中でナラヤンは、異なるグループ間の連携の強化が国際協力には不可欠であるとしている(辻田 2007：130-131)。

なお、ソーシャル・キャピタルの定義については、この他にも様々な定義が提案されている(表5)。例えばOECDでは、「グループ内部またはグループ間での協力を容易にする共通の規範や価値観、理解を伴ったネットワーク」であると定義している(国際協力事業団 2002)。これに対して世界銀行では、パットナムの定義を狭義とし、ソーシャル・キャピタルに対して、「社会構造全般と対人関係に関わる個人の行為を規定する規範全体」という非常に幅広い意味に解釈できる定義にしている。コールマン(社会学者)、パットナム(人類学者)、フクヤマ(経済学者)による定義は、ソーシャル・キャピタルを議論する社会学者、人類学者、経済学者の間で一般的な定義となった。そして途上国への国際協力という分野においてもソーシャル・キャピタルの役割に関する議論が出始める。

JICAでは、ソーシャル・キャピタルを「『信頼』、『規範』、『ネットワーク』など、ある社会に内在している人々の間の社会関係を規定するもの」であるとしている(前掲書：3-4)。「信頼」や「ネットワーク」などは新しい概念ではなく、従来からその存在は認識されていた。しかし、従来はこのような社会的要素は「外部条件」として扱われることが多く、プロジェクトによる働きかけの対象として明確には認識されてこなかった(前掲書：3-10)。

表 5：ソーシャル・キャピタルの主要な定義

コールマン	個人に協調行動を起こさせる社会の構造や制度
パットナム	人々の協調行動を活発にすることによって社会の効率性を高めることのできる「信頼」「規範」「ネットワーク」といった社会組織の特徴
フクヤマ	信頼が社会全体あるいは社会の特定の部分に広く行き渡っていることから生じる能力
OECD	グループ内部またはグループ間での協力を容易にする共通の規範や価値観、理解を伴ったネットワーク
世界銀行	社会構造全般と対人関係に関わる個人の行為を規定する規範全体
JICA	「信頼」、「規範」、「ネットワーク」など、ある社会に内在している人々の間の社会関係を規定するもの

出典：Coleman (1990), Putnam (1993), Fukuyama (1995)

ソーシャル・キャピタルは、その社会的つながりの対象範囲や構成要素の特徴などから、一般に以下の二つの類型に分類される。第1類型として、結合型（bonding）ソーシャル・キャピタルと橋渡し型（bridging）ソーシャル・キャピタルである。結合型ソーシャル・キャピタルとは、組織の内部における人と人との同質的な結びつきのことで、内部での信頼や協力、結束を生むものである。例えば、家族内や民族グループ内のメンバー間の関係を指す。それに対して橋渡し型ソーシャル・キャピタルとは、異なる組織間における異質な人や組織を結びつけるネットワークのことである。例えば、民族グループを超えた間の関係や、知人、友人などのつながりを指す（前掲書：21-23）。

　第2類型は、ソーシャル・キャピタルの構成要素の特徴に着目した類型で、制度的（structural）ソーシャル・キャピタルと認知的（cognitive）ソーシャル・キャピタルである。制度的ソーシャル・キャピタルとは、協力、特に互酬的集団行動に寄与するネットワーク、役割、規則、先例や手続きによって提供される社会的組織などを指す。そして認知的ソーシャル・キャピタルとは、互酬的集団行動に寄与するような規範、価値観、態度、信念を指す。これら二つは相互補完的な役割を担っており、認知的要素は構造的な要素を維持しており、構造的要素によって認知的要素は強化され、再生産されているとされる（前掲書：21-23）。

2. ソーシャル・キャピタルとキャパシティ・ディベロップメントの関係性

　ソーシャル・キャピタルは人々の間に内在している目に見えない社会の連帯であり、国や地域の社会によって異なるものである。ソーシャル・キャピタルのターゲットは社会であるため、社会構造を変革させる点から鑑みて、キャパシティ・ディベロップメント達成に必要不可欠なアプローチ方法である。しかし、その対象支援の分野や課題によって必要なソーシャル・キャピタルは異なる。ある目標達成のためには、個人が個々に活動するよりも主となる機関やグループが目標に対して一丸となって行動すること、すなわち内部結束型のソーシャル・キャピタル形成が重要である。内部結束型ソーシャル・キャピタルは裨益者側のオーナーシップや、組織の結束力を高めるためにも必要であるといえよう。加えて、支援対象となる組織の内部構造を事前に調査することも必須

である。血縁関係者を優遇するような組織や、独裁者が存在するような組織の場合は制度の適切な運営が損なわれる恐れがあるからである。

第1節でも述べたように、キャパシティ・ディベロップメント促進のためのドナーの役割として、キャパシティ・ディベロップメントを促す良好な環境づくりが求められる。さらに、キャパシティ・ディベロップメントの目的の一つである「持続可能な開発」のためには、ある組織が孤立した状態で活動するのではなく、関係する機関と良好な関係を構築し、協力し合っていくこと、つまり橋渡し型ソーシャル・キャピタルが必要となる（前掲書：10）。

また、そのソーシャル・キャピタルのもつ特徴を把握しておくことが有用であり、その特徴に着目しているのが、第2類型の制度的ソーシャル・キャピタルと認知的ソーシャル・キャピタルである。制度的ソーシャル・キャピタルは、対象となる組織やコミュニティの制度や仕組み、ネットワークといった目に見えやすく、外部からもアプローチしやすいものである。それに対して認知的ソーシャル・キャピタルは、規範や価値観、心情など、目に見えず、アプローチが難しいものである。制度的ソーシャル・キャピタルと認知的ソーシャル・キャピタルは相互補完関係にあり、例えば行政と地域コミュニティ間の橋渡し型ソーシャル・キャピタルを形成する場合には、両者をつなぐ制度や仕組みを構築するとともに、その制度を機能させるための規範の醸成にも働きかけるように努める必要がある（前掲書：24）。制度や法律や組織などの仕組みを形成するのは容易であるが、それらを機能させるのは容易ではないため、長期的な取組みが求められる。キャパシティ・ディベロップメントの達成は、制度や仕組みを機能させ、持続可能な状態になることであるため、認知的ソーシャル・キャピタルの重要性を認識して取り組む必要がある。すなわちソーシャル・キャピタルとキャパシティ・ディベロップメントは関係性が深いため、キャパシティ・ディベロップメントに必要不可欠な概念であるといえよう。

これまでの国際協力では、援助国が途上国政府を強化するといったトップダウンの援助方式と、地域コミュニティの組織を強化するといったボトムアップのいずれかに焦点が当たりがちであった。しかしエヴァンスは、「政府と市民の相互作用が途上国の国際協力においては重要である」としている（辻田 2007：130）。このような考え方は、キャパシティ・ディベロップメントの個人・

組織・制度や社会を包括的に捉えて支援する概念と同様であろう。キャパシティ・ディベロップメントは個人のみ、組織のみといった一つのアクターのキャパシティのみが発展してもキャパシティ・ディベロップメントの達成とは言えないとしていることからも、トップダウンとボトムアップの双方が必要であると考えていることに他ならない。

　以上のように、ソーシャル・キャピタルの概念は様々な捉え方がある点も含めてキャパシティ・ディベロップメントの概念と類似していることが分かる。ソーシャル・キャピタルは、人によっては社会のみに焦点を当てている点が個人、組織・社会を包括的に捉えるキャパシティ・ディベロップメントと異なる点であるが、社会の構造は個人や組織などのアクターの行為によって変化するとしているため、結果的にはキャパシティ・ディベロップメントと手法が類似しているといえよう。

表6：ソーシャル・キャピタルとキャパシティ・ディベロップメントの比較

	ソーシャル・キャピタル	キャパシティ・ディベロップメント
対象	政府及び行政、地域コミュニティの個人や組織	個人、組織、制度や社会
裨益者の役割	オーナーシップ	オーナーシップ
視点	短期	長期

出典：筆者作成

第4項　エンパワーメント

　本項では、エンパワーメントとキャパシティ・ディベロップメントの比較を行う。エンパワーメントという概念は、キャパシティ・ディベロップメントと同様に明確な定義付けがなされていないため、分野や研究者によって異なった定義が用いられている。

1.　エンパワーメントとは何か

　エンパワーメント（empowerment）という言葉は、概念の定義が論者によって異なり明確ではない。語源は、「権利や権限を付与すること」という法律用語として使われ始めたと言われている。社会的に広く使われ始めたのは米国の

公民権運動や、カウンセリング、フェミニズム運動などの社会変革活動が契機とされている（久木田・渡辺 1998：5）。なかでも、バーバラ・ソロモン（1976）が著した『黒人のエンパワーメント——抑圧されている地域社会におけるソーシャルワーク』以来、エンパワーメントの概念が普及したと言われている（久保田 2005：28）。

1980 年代になると、エンパワーメントという用語は国際協力の文脈の中で頻繁に用いられるようになった。その顕著な例として、「女性のエンパワーメント」が挙げられる。「ジェンダーと開発」の領域の中でエンパワーメントという用語が普及したのは、1985 年にナイロビで開催された第 3 回世界女性会議以降である（田中編 2002）。

しかし、初めてエンパワーメントが用いられたのは、インドで発足した女性の国際的ネットワーク「新時代の女性開発オルタナティブ（Development Alternative with Women for a New Era: DAWN）[20]」が 1980 年代初期に、「草の根の女性が個人ではなく共同で（連帯して）行動することが真の力をつけることである」という意味で用いている（目黒 1998：35）。その後国際協力の分野でエンパワーメントという概念が広く使われるようになった。UNDP は、エンパワーメントは「人が力をつけること」であるとし、「参加を通して影響力やコントロールが増すことにより、経済的、社会的、そして政治的エンパワーメントが拡大する」と述べている（UNDP 1993：21）。

また開発の文脈の中でも特に、ジェンダーと開発の領域で普及していることは、UNDP が毎年発行する『人間開発報告書』で 1995 年にジェンダーを特集して以降、ジェンダー・エンパワーメント測定（Gender Empowerment Measure: GEM）[21] が出されていることからも顕著である。ジェンダーと開発の文脈において UNDP は、上述のエンパワーメントの定義に加えて、「現実に男性優位社会が圧倒的に多い中で、女性が個人的に力をつけるだけでなく、社会的地位の向上を目指す社会改革の担い手として、連帯して力をつけていく意味合いをもっている」としている（UNDP 1995）。またキャロライン・モーザ（Caroline O.N. Moser）は *Gender Planning and Development Theory, Practice& Training*（邦訳『ジェンダー・開発・NGO — 私たち自身のエンパワーメント』）において、エンパワーメントは「自立向上心によって女性が内なる力をつけるこ

とを目的とする」とし、国際協力における女性のためのアプローチの一つとして、エンパワーメント・アプローチを紹介している（モーザ 1996：109）。さらに、1998 年に経済協力開発機構（OECD）の開発援助委員会（DAC）は、「国際協力におけるジェンダーの平等と女性のエンパワーメントのためのガイドライン」を発表している（藤掛 2003：33）。エンパワーメントに具体的な定義は記していないが、ジェンダー平等と同時に女性のエンパワーメントの必要性を訴えている。このように、ジェンダーと開発の領域ではエンパワーメントが重要な概念として国際的に捉えられるようになった。

1990 年代に入ると、ジェンダーと開発の領域以外でも国際協力の様々な分野において、エンパワーメントという概念が用いられるようになったが、未だ明確な定義が国際的にも定められておらず、多様な意味が付与されて論者によって異なる定義で使用されている（蜂須賀 2005：6-27）。

一方で、多様な意味があるものの、エンパワーメントに対する共通理解もある。それはエンパワーメントの構成要素として、①当事者の気付きや主体的意欲といった心理的変化がエンパワーメントの達成に大きく寄与すること、②ドナーなどの外部者による訓練や教育などの機会を付与することよって、当事者が自らの能力を開花すること、そして③当事者の開花した能力を発揮できるような社会環境を整えること、の3点が数多くいる論者の共通の理解として挙げられよう（佐藤編 2005：8-9）。

エンパワーメントの対象者は、何らかの形で社会から否定的な評価を受け、本来人間がもっている能力や感性などの力が発揮できない「力が欠如した状態」にある。エンパワーメントは、その対象者に対して「力をつける」過程を意味する。最近は黒人だけでなく、女性、障害者、高齢者、子どもなどの社会的に弱い立場にいる人々にも「力が欠如状態」が見られ、エンパワーメントの対象になっている。

また、エンパワーメントには二つの意味がある。第1に、何かの目的達成のためにエンパワーメントを「手段」として用いることである。そして第2に、プロジェクトの「目的」が対象者のエンパワーメントであることである。どちらの意味でエンパワーメントを使っているかを明確にすることも必要であろう。

では、エンパワーメントの明確な定義が存在しない中で、唯一学際的にモデ

ル化したのが、ジョン・フリードマン（John Friedmann）のエンパワーメントモデルである。フリードマンが考えるエンパワーメントとは何かを検証し、その後フリードマンのエンパワーメントモデルを次項で概説する。

2. フリードマンのエンパワーメントモデル[22]

1) フリードマンが考えるエンパワーメント

フリードマンは主にラテンアメリカでのフィールド調査と事例研究をもとに、国際協力の文脈でのエンパワーメントについて論じており、エンパワーメントを三つの形態に分類している。それは、社会的エンパワーメント、政治的エンパワーメント、そして心理的エンパワーメントである。エンパワーメントの対象となるのは、力を剥奪され（反エンパワーメント状態）、ほとんど、あるいは全く自らのもつ力を行使できない人々である。フリードマンは経済実態の核をなす単位として「世帯」に焦点を当てている。生計を立てるための生産の場である世帯が、社会的な力の基盤を相互的、螺旋状的に築いていく中で、社会的な力を獲得し、その過程を通してさらに「政治的な力」が生まれてくる。これらの螺旋状を進むプロセスのあらゆる局面において「心理的エンパワーメント」は生じるとしている（フリードマン 1995：4-6）。

このアプローチでは、「世帯」が主体として位置付けられており、世帯が社会的パワー、政治的パワー、心理的パワーの三つのパワーを行使するとされる。社会的パワーとは後述する八つの資源へアクセスするパワーであり、社会的パワーの獲得は世帯の資源へのアクセス増加を意味する。政治的パワーとは、世帯の個々の成員が自らの将来に影響を及ぼすような様々な決定過程に加わるパワーであり、選挙において投票するパワーだけでなく、意見の表明や集団行動によるパワーも意味する。そして、心理的パワーとは個人が潜在力を感じるパワーであり、心理的パワーを増すと世帯の社会的パワーや政治的パワーの強化に相乗的なプラス効果が生じるとされる（フリードマン 1995：72-74、近田 2005：55）

2) フリードマンのエンパワーメントモデル

フリードマンは、エンパワーメントモデル（図5参照）をいかに貧困が克服

され、真の開発が推進されるかを把握することができるエンパワーメントのモデルとして提示している。一方、貧しい世帯はその構成員の生活条件を改善するための社会的な力を欠いている存在であると仮定して、逆の方向に向かうディスエンパワーメントモデルも同じ図で説明できる。そして社会的な力の場の中心に世帯経済を置いている。

社会的なパワーとは市民社会に関連する力であり、国家権力や経済的な力、政治的な力という対照的な形態の権力によって制限される。社会的なパワーには八つの基盤があるとしており、それらは暮らしの糧の生産において世帯経済をさせる主要な手段であるとしている。その八つのパワーを以下のように説明している。

第1に、防御可能な生活空間である。安全で恒久的な生活空間は人々が最も高い価値を置く社会的パワーである。世帯はこれを得るためにどんな犠牲も払う覚悟ができている。第2に、生存に費やす時間以外の余剰時間である。2番目に高い価値をもつ社会的パワーで、日々の生存のために必要な時間以外の時間である。余剰時間なしでは、その世帯のもつ選択肢は著しく制限される。第3に、知識と技能である。長期的視点から、その世帯が経済的に発展していくために必要なパワーで、世帯の少なくとも何名かは教育を受けることが必要である。第4に、適正な情報である。世帯の生存にとって有用か否かを判断するための情報が必要としている。第5に、社会組織である。世帯メンバーが所属するフォーマル、またはインフォーマルな組織のことで、意味ある情報や相互支援、集団的行動等の手段ともなり、世帯と社会をつなぐものである。第6に、社会ネットワークである。家族、友人や隣人との間の水平ネットワーク、または社会的ヒエラルキーの垂直ネットワークのことを指す。加入する社会組織数が増えるにつれて増加する。第7に、労働と生計を立てるための手段である。世帯の生産のための手段である。例えば、健康であること、安全な水へのアクセスが確保されていることなどを指す。第8に、資金である。フォーマル、インフォーマルな金融へのアクセスと同様に、世帯の純貨幣所得も含まれる。

そしてフリードマンは、世帯がこれら八つの社会的パワーの資源を相互的、螺旋状的に築いていくのがエンパワーメントのプロセスであると考えている。図5を用いて説明すると、まず各資源へのアクセスの度合いは実質上ゼロであ

る中央から、最低限の消費水準以下である「絶対的貧困」の領域を脱し、数量化はできないが理論上の最大値である外の輪に向かうほど高まり、世帯の「いのちと暮らし」の状態は改善される。その際に、水平次元の「防御可能な生活空間」と「生活に費やす時間以外の余剰時間」及び垂直次元の「社会組織」と「社会ネットワーク」が最低限確保されている必要がある。加えて、水平次元の資源の確保は、垂直次元にある資源へのアクセスの度合いによって左右される。

図5：フリードマンのエンパワーメントモデル
（社会的パワーの資源へのアクセス不足としての貧困）

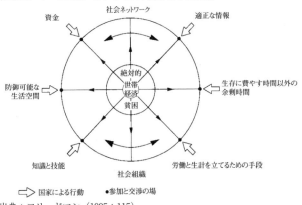

出典：フリードマン（1995：115）

　これら四つの資源が最低限確保されると、世帯はより個別的、家族的な行動をとる傾向が現れ、他の資源の獲得に対して努力を向け始める。そして、世帯は各資源へのアクセスを相互依存的に増加させる際、「参加と交渉の場」において「国家による行動」との交渉が可能とされる。しかし、「社会組織」と「社会ネットワーク」は国家の手の届かないところで活動するため、これらには「参加と交渉の場」は設定されていない。その代わり、世帯はこれら二つの資源を活用しながら、残る六つの資源へのアクセスを増加させる。

　またフリードマンは、最も貧しい人々（例えば、飢餓の犠牲者や土地なしの農村労働者、大都市の無断居住地帯で女性が長の世帯構成員など）は自助努力できる手段を欠いている可能性が高く、自然発生的なコミュニティ活動といった、集団的な自己エンパワーメントの発生は稀であるため、外部エージェント

の関与は非常に重要であると述べている。しかし、モデル上では外部エージェントの存在は示されていない（フリードマン 1995：118-121、近田 2005：56-58）。

3. 本書におけるエンパワーメントの定義

前項までの概説のように、エンパワーメントは明確な定義がないことから、対象とする分野や研究者によって様々な定義がなされている。そのような様々な定義を踏まえた上で、本書におけるエンパワーメントを定義する。本書においてエンパワーメントとは「本来もっているはずである力を剥奪された状況にある人が、自らのもっている力に気付き、その力を発揮していけるようになること」と定義する。この定義に基づいて、エンパワーメントを達成するためには、内発的なエンパワーメントと外発的なエンパワーメントが必要になる。

内発的なエンパワーメントとは、フリードマンが言う心理的エンパワーメントと類似している。対象となる個人が自己に対する自信をもつこと、そして他者を信頼できるようになることである。エンパワーメントの対象となる人々は、その社会でマイノリティであることが多いため、自分自身が声をあげる必要がある。そのためには自分に自信をもつことが必要になる。しかし、一人が声をあげても力を発揮できるようになることは難しく、同じような境遇にある人と協力する必要がある。ここで必要となるのが、他者を信頼することである。

そして内発的にエンパワーメントされた個人が、その力を発揮できるようになるためには外発的なエンパワーメントが必要になる。外発的なエンパワーメントとは、力を剥奪されている個人を取り巻く社会の差別的な構造や制度の変革である。それは家族や、地域コミュニティ、そして県レベル、国家レベルへと広がっていく。内発的エンパワーメントと外発的エンパワーメントの双方が整うことによって、真のエンパワーメントとなる（図6参照）。

図6：本書におけるエンパワーメント

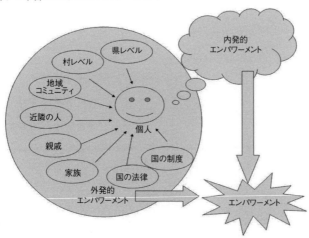

出典：筆者作成

4. キャパシティ・ディベロップメントとエンパワーメントの相違点

　キャパシティ・ディベロップメントとエンパワーメントは非常に類似した概念であるが、大きな相違点がある。第1に、対象が異なることである。エンパワーメントの対象者は、その国や地域、組織の中における対「人間」で、特に社会的弱者を対象としている。それに対してキャパシティ・ディベロップメントは、人間個人を支援対象とするのではなく、個人、組織、社会を包括的に捉えている。もちろんこれらのすべての対象が発展するのは、個人の発展だけではなく個人が集まった組織が発展したからこその結果であるが、個人や組織が発展しても、それが政策や法制度として結果を出さなければ真のキャパシティ・ディベロップメント達成とは位置づけられない点が異なる点である。つまり、個人や組織において、ターゲット層がエンパワーメントされなければキャパシティの向上は困難であると予想できるため、エンパワーメントはキャパシティ・ディベロップメント達成に非常に重要な役割を果たすといえよう。

　キャパシティ・ディベロップメントは個人、組織そして社会が自らのキャパシティを向上していくプロセスであるため、ドナーが援助を行っている間や、援助が終了した直後に政策や法制度の構築がなされてもキャパシティ・ディベロップメント達成とはいえない。その後の時代の流れに応じて、政策や法制度

の変更すべき点などを自ら見出し、対象社会の発展につながるように自助努力をしていくことで、キャパシティ・ディベロップメントの目標である持続可能な開発が達成されたとされるであろう。そのためには、個人や組織がエンパワーされる必要がある。

第5項　他のアプローチとの総比較

第1項から第4項において、国際協力のアプローチ方法や概念とキャパシティ・ディベロップメントを比較した。本項では、本節のまとめとして五つのアプローチ及び手法とキャパシティ・ディベロップメントを再度比較し、なぜ今キャパシティ・ディベロップメントが国際協力の世界の中で注目されているのかの理由を検討する。

表7のように、それぞれのアプローチ方法及び概念を支援対象、ドナーの役割、被援助国の役割、そして視野という四つの視点から比較する。この4点を比較項目として挙げたのは、キャパシティ・ディベロップメントの特徴として主なドナーが明示しているからである。つまり、これらの視点がキャパシティ・ディベロップメントの新しさとして現在注目されるに至っていると考えられる。

まず、キャパシティ・ディベロップメントはその特徴の一つとして挙げている、「支援対象を包括的に捉える」点が新しい。

エンパワーメントは、支援対象が個人で、特に社会的弱者に焦点を当てているところがキャパシティ・ディベロップメントと異なる点である。しかし、エ

表7：キャパシティ・ディベロップメントと国際協力の主要な手法との概念比較

	支援対象	ドナーの役割	被援助国の役割	視野
キャパシティ・ディベロップメント	個人、組織、社会を包括的に捉える	ファシリテーター	オーナーシップ	長期
キャパシティ・ビルディング	個人、組織	介入	裨益者	短期
ケイパビリティ・アプローチ	個人	国の政治の改善？	能動的で主体的	長期
ソーシャル・キャピタル	社会（個人、組織）	ファシリテーター	オーナーシップ、組織の結束力	長期または短期[23]
エンパワーメント	個人（特に社会的弱者）	ファシリテーター	オーナーシップ	長期

出典：筆者作成

ンパワーメントは個人のキャパシティ・ディベロップメントを行う際に必要な手法であることを明記しておきたい。個人がエンパワーされることが組織、社会のキャパシティ・ディベロップメントに繋がっていくからである。

ソーシャル・キャピタルは支援対象を社会に焦点を当てて捉えているところが、キャパシティ・ディベロップメントとの相違点である。社会構造変革のために、個人・組織のアクターにも促しているため、実際はキャパシティ・ディベロップメントと非常に類似している。

次に、「ドナーの役割がファシリテーターである」ことがキャパシティ・ディベロップメントの二つ目の特徴である。同じキャパシティ向上を支援する手法としてキャパシティ・ビルディングがあり、その概念との混乱が生じているが、キャパシティ・ディベロップメントとキャパシティ・ビルディングとはドナーの役割が大きく異なる。キャパシティ・ビルディングは援助国の手法を被援助国に植え付けるといった、介入の役割を果たしていた。それに対しキャパシティ・ディベロップメントでは、ドナーは側面支援するファシリテーターの役割を担う。そのため被援助国も支援を受け身で捉えるのではなく、課題を主体的にドナーと共に考えるという立場をキャパシティ・ディベロップメントではとっている。表7にもあるように、ほとんどのアプローチがドナーの役割を「ファシリテーター」として、側面支援を実施するとしている。そのため、この特徴のみに焦点を当てると決して新しい特徴ではないが、新しい手法の特徴として位置づけることで、その重要性を明らかにするため新しいといえる。

一方ケイパビリティ・アプローチは、個人の生活の質を捉える一つの方法であるため、生活の質向上の有無は個人の状態によって評価される。個人の生活の質を向上させるためには社会の変化が必要であり、社会の変化には政府の介入が不可欠であるとしている。

キャパシティ・ディベロップメントは個人に焦点を当てるのではなく包括的に評価をする点が異なるが、社会・制度を含めて包括的に捉えるということは、政府の介入が必要であることを意味しているといえよう。さらに、支援の期間がこれまでの5年ではなく、10年以上の長期で行っていく点や、被援助国のオーナーシップ（主体性）を重視していく点もキャパシティ・ディベロップメントの特徴である。

以上のように、キャパシティ・ディベロップメントと他のアプローチには相違点があるものの、多くの類似点もある。これまでのアプローチとは、概念の特徴の組み合わせが異なるため新しい概念であるといえるが、どの特徴も特段に新しいものではないため、ドナーによっては既に実践している特徴もある。例えば日本では、「オーナーシップ」という用語ではないが、主体性を重視する自助努力がODA大綱の理念として明記され、実施されてきており、またキャパシティの向上に対する支援も既に実施してきている。しかし、新しい特徴の組み合わせに名称を付け、国際社会で重要な概念として国際協力の中で取り組んでいくことは、それぞれ個々で行われてきていた特徴の重要性を再認識し、また新たな捉え方につながる。特に、援助国はファシリテーターとして側面支援していくという視点は、日本の国際協力においても重要性を再認識することになっているだろう。

　一方で、既存の国際協力アプローチと比較して特段に新しい視野がない点は、既存のアプローチで見落とされ、無意識に排除されてきている人々に対して有効に働く概念であるのかが疑問に残る点である。また、この国際社会の中で潮流になっているキャパシティ・ディベロップメントが日本の国際協力においても効果のある概念であるのか、西欧ドナーの定義するキャパシティ・ディベロップメントをそのまま導入することが有効であるのかを次章以降で検討する。

　次章での検討の前に、日本のODAについても概説しておく。

　日本のODA理念と他ドナーとの違いは、旧ODA大綱から引き継がれてきている「自助努力」と「要請主義」を援助の条件としていることである。近年国際協力における国際的な潮流は、支援受け入れ国である途上国の主体性（オーナーシップ）を重視し、途上国自身の開発計画や優先課題を援助国や援助機関が共同で支援していく、援助協調の考え方に移行してきている。このような考え方は、自助努力という理念の中で日本ではすでに行われてきていたことであり、とりわけ新しい支援方法ではない。国際社会では、援助効果を向上させる方策として援助協調を取り上げ、具体的な方策の一つとして「国家能力開発と開発効果」の強化が挙げられている（外務省2009：160-163）。これが国際社会におけるキャパシティ・ディベロップメントの位置付けである。援助効果向上という目的はドナーにとっても裨益者にとっても重要なことであり、一ドナー

として日本が援助協調に同意していることは理解できる。またキャパシティ・ディベロップメントが援助協調の具体的な方策として、持続可能な開発を達成するために必須な概念であることも理解できる。

　ODA大綱の考え方や取組み等を国内外に対してより具体的に示すODA中期政策において日本政府は、「政府の行政能力の向上」、「人々の能力発揮」、「貧困層や地域社会の能力を強化」、「女性の能力構築」、「開発途上国政府が適切な開発戦略を策定し、実施できるよう能力向上を支援する」といったように、個人、組織、社会それぞれの能力を向上、強化に対して支援することを明確にしている。一方で、中期政策の中の「効率的・効果的な援助の実施に向けた方策について」において、我が国は国際機関や他ドナー等とも連携を強化しつつ、これらの政策立案能力を一層強化する……」と記されているが、その具体的な援助政策の立案・検討の中で国別援助計画の策定は「向こう5年程度」の方向性を示すものと記されている。つまり、基本的にはこれまでの同様の支援期間で援助を行っていくことを意味しているため、10年以上の長期的な視野で支援を行っていく必要のあるキャパシティ・ディベロップメント概念の導入は現状では困難であることを示している。

　このように、キャパシティ・ディベロップメントの重要性は認識しているものの、現状の日本のODAの取組み方針の中では実践が困難であることが分かる。10年以上の長期的な視点で国際協力を行っていく際には、現在JICAが実施しているプロジェクト単位の援助からプログラム単位の援助へと移行することになる。あるいはプロジェクトの事後評価の方法をキャパシティ・ディベロップメントについては抜本的に変える必要がある。そのためにはODAの方針自体を変更する必要がある。国際協力の中でも無意識のうちに疎外されている人々である障害者への支援で日本は積極的にキャパシティ・ディベロップメントを取り入れ、長期的な視野にたちプロジェクト支援からプログラム支援へ移行していくことが効果的ではないだろうか。また、支援内容や支援地域によってキャパシティ・ディベロップメントの達成に要する時間は異なることが予想される。比較的に短期間で達成できるキャパシティ・ディベロップメントに関しては、支援終了後のモニタリング機能を充足させれば、これまでと同様のプロジェクト型の支援でも十分対応できると考えられる。

以上のように、第1章では、キャパシティ・ディベロップメントの意味を明確にするとともに、国際協力におけるキャパシティ・ディベロップメントの必要性を述べてきた。第2章以降では、障害者施策でのその重要性を検討する。

注
1　日本で能力開発というと、「職業能力開発」という言葉が使用されている。人は、それぞれの役割を社会で果たすために、色々な職業を持ち仕事を行っている。仕事を遂行する上で必要な能力を「職業能力」という。「ものづくり」は、その中でも生活をより豊かにする上で大切な役割を担っている。それには高度な技術や知識を備えて内容を良く理解し、さらに順序づけて企画遂行する能力が必要となる。この能力を身につけ、高めることを「職業能力開発」という。この職業能力開発を実施しているのが、国が設置した職業能力開発促進法第27条の規定に基づき、職業能力開発施設等で教える職業訓練指導員に対して養成及び質向上のための研修を行うことなどを目的として、独立行政法人雇用・能力開発機構が運営する職業能力開発大学校である（職業能力開発大学校ウェブサイト）。
2　Webster's Third New International Dictionary of the English Language Unabridgedより筆者翻訳。
3　各ドナーのキャパシティの定義とCDの定義は次項の表2を参照。
4　これまで援助の中で行われてきた能力構築（capacity building）や能力強化（capacity strengthen）との違いが明確ではない。GTIといった他のドナーは、キャパシティ・ディベロップメントとキャパシティ・ビルディングを区別せずに使用しているところもあるのが現状である。
5　2011年1月にドイツの技術協力系の3実施機関（技術協力公社：GTZ、ボランティア等人材派遣機関：DED、人材開発・研修実施機関：InWEnt）が統合され、国際協力公社：GIZが設立された。
6　グラント・エレメント（Grant Element）とは、援助が途上国にとってどの程度有利かを一般の銀行からの借入と比較して表した指標である。借入条件が緩和されるに従って（低金利、長期の返済期間など）、グラント・エレメントは高くなる。一般の銀行からの借入れ（金利10％と仮定）はグラント・エレメント0％と計算される。因みに、日本のODA借款はグラント・エレメント25％以上であり、日本政府による技術協力や奨学金（国費留学生）はグラント・エレメント100％である（友松・桂井2006：10-11）。
7　技術協力に関する詳細は、国際協力機構2009：113-124を参照。
8　なお、ODA大綱は2015年2月10日に11年半振りの改定が閣議決定され、名称が「開発協力大綱」になり、「非軍事的協力による平和と繁栄への貢献」という

新たな基本方針が追加される等、大きく見直された。開発協力大綱の詳細等は別稿に譲ることとし、本書では改定前のODA大綱をベースに議論を進めていくこととする。

9 「発展」とは、そもそも内部から起こってくる動きを指す。とすれば、内発的発展というのは重複している。にもかかわらず、内発的発展という言葉を用いるのは、これまでの近代化論の、先進国＝内発的発展、後発国＝外発的発展という考え方から脱皮したいからである。内発的発展とは、目標において人類共通であり、目標達成への経路と創出すべき社会モデルについては、多様性に富む社会変化の過程である。共通目標とは、地球上すべての人々及び集団が、衣食住の基本的要求を充足し人間としての可能性を十全に発現できる条件をつくり出すことである。それは、現存の国内及び国際間の格差を生み出す構造を変革することを意味する（鶴見1996：9）。

10 ファシリテーターとは、研修やプログラムにおいて、参加者の心の動きや理解度などの状況を見ながら、実際にプログラムを進行していく人のことを指す。人の行動が変わるための力は、外にある（外から得られる）のではなく、その人の内にある。その力を引き出すために、ファシリテーターは①参加者の主体性を引き出すこと、②知識と体験を統合できるような素材の提供をすること、③体験をより大きな気付きへと導くこと、④参加者が自ら主体的に考えられるような援助をすること、⑤状況を見ながら適切な"介入"を行う視点をもつことが必要である。場に応じて以下の役割を使い分けることが必要である。

11 ケイパビリティの日本語訳としては「潜在能力」とされることが多かったが、ケイパビリティは資質としての能力のみならず、ある個人が有する潜在的な機能を達成する自由までを含む概念であると考えられることから、近年ではそのまま「ケイパビリティ」と表記されることが多い。本書においても、潜在能力と訳すよりもケイパビリティとそのまま表記するほうがセンの意味するCapabilityを表現できると考えるため、ケイパビリティと表記する。

12 センは「ケイパビリティ」に多くの意味を込めている。それは「ある個人が選択可能な機能全ての組み合わせ」や、「福祉を達成するための自由や機会を構成しているもの」（セン1999：60）などであり、「自由を達成するための手段ではなく、自由そのものに注目している」ものであるとしている（セン1999：70）。

13 経済合理性を越えようとするところに人間の自発性や主体性を見出そうとするセンの概念である。具体的には、自分の周囲にいる人たちなどの願いを自分の使命として引き受けようとすることである（セン1999：112）。

14 政治的自由とは、広い意味で（市民的権利と呼ぶものも含めて）認識される場合、誰がどのような原理に基づいて統治するのかを人々が決定する機会を指す。それは例えば、人々が権力の座にあるものを審査し批判すること、政治的意見を表明

する自由と検閲のない報道があることなどを指す（セン 2000：41）。マーサ・ヌスバウムもケイパビリティ・アプローチの考え方に若干の相違を見出すものの、政治的自由が重要な役割を果たすことに強い合意を示している。

15　経済的便宜とは、個々の人間が消費、生産、交換の目的で経済資源を活用するために享受する機会を指す。ある人が有するエンタイトルメントは、保有するあるいは利用できる経済資源、交換の条件、例えば相対価格や市場の動きに左右されるだろう、としている（セン 2000：41）。

16　社会的機会とは、個々人がよりよい暮らしを送るための本質的自由に影響を与える教育、保健などについて社会が整える体制のことを指す。これらの便宜が重要なのは、健康な生活を送ること、避けることのできる病気や若死を予防すると言った、私的生活の営みにとってだけではなく、経済的、政治的活動への一層有効な参加も重要である（セン 2000：41）。

17　透明性の保証とは、情報公開と透明性の保証のもとで互いに取引をする自由を指す。

18　保護の保障とは、経済システムがどれほど上手く働いたとしても、今にも弱者に転落しそうな人、生活に悪影響を与える物質的な変化の結果、実際に深刻な欠乏状態になってしまうような人たちに、社会のセーフティ・ネットを提供することである（セン 2000：42）。

19　Webster's Third New International Dictionary of the English Language Unabridged 参照。

20　インドで発足した国際的ネットワーク。途上国の女性たち自身による運動として有名。このグループは、性支配や家父長制を問題とする先進国フェミニズムと異なり、女性たちによる草の根のエンパワーメントの重要性を説き、途上国の女性が置かれる個々の具体的状況の開発を通じて、女性の主体形成と組織能力の育成を目指している（伊藤 1995：73）。

21　UNDPは男女格差調整済みの人間開発指数 HDI（Human Development Index）であるジェンダー開発指数 GDI(Gender Development Index) やジェンダー・エンパワーメント測定を開発し、政治・経済・社会生活に関わる意思・政策決定過程への女性の参画の度合いを定量化している（藤掛 2003：32）。ジェンダー・エンパワーメント測定は、女性や男性が積極的に経済界や政治生活に参加し、意思決定に参加できるかどうかを調べるものである。ジェンダー開発指数は能力の拡大に焦点を当てているが、ジェンダー・エンパワーメント測定はそのような能力を活用し、人生のあらゆる機会を利用できるかどうかを問題にするものである（UNDP1995：83）。ジェンダー・エンパワーメント測定は大きく三つに分類された変数に焦点を当てている。①勤労所得に基づいた経済資源を左右する力には、購買力平価ドル（未調整）で換算された1人当たりの所得を変数とする。②専門職参加の機会や経済

面での意思決定への参加に関する変数は、専門職、技術専門職、管理職に分類された仕事の占める割合である。③政治の機会や政治上の意思決定の場への参加に関する変数は、国会で占める議席の割合で示す（UNDP1995：94-95）。

22 Friedmann（1992）の "The (Dis) Empowerment Model" を指す。同書の邦訳では「力の剥奪モデル」と訳されているが、同モデルは世帯が資源へのアクセス達成できていないのか（＝パワーの剥奪の程度、つまりディスエンパワーメント）と同時に、どのくらい達成できているのか（＝パワーの獲得の程度、エンパワーメント）を把握しようとするものと理解することができる。また、本論文ではエンパワーする過程のみを追っているため、敢えて「エンパワーメントモデル」と表記する。

23 ソーシャル・キャピタルの構築にはパットナムを始めとする長期を要するとする考えと、国際協力に限定して考えるとエヴァンスらは短期で可能だとする考えがある。詳細は坂田 2007 及び辻田 2007 を参照。

第2章
国際協力における障害分野の支援

第1節　途上国における障害者の現状

第1項　途上国における障害者の現状

　WHOによると、障害者はその程度に差があるものの、世界人口の約15％に達し、その約60％が途上国に居住していると言われている。そして途上国に居住する障害者の多くは、都市部から離れた農村地域に居住している。障害を負う原因は様々であるが、途上国の障害の原因は、母子保健の未熟さからくる妊娠時の栄養不良や、高すぎる出生率、近親結婚に加え、事故や紛争などがある（長田2005：ii）。

　先進国では、人権の意識が高まることによって、障害者の抱える問題に対して、法制度が整えられてきている。一方途上国では、障害者は心身機能の障害に加えて、経済的に貧困であることや社会制度の未整備によって、先進国以上に差別、不平等、人権侵害や社会参加の制限がある。途上国と言っても、国により状況は異り、その国の歴史的経緯や社会的、文化的背景などの違いがあり、様々な要因が絡み影響している（久野編2004：39）。

　途上国の障害者の状況を具体的に見てみると、非常に悪循環であることがわかる。まず、障害児を抱える家庭の多くは貧しく、また障害児を抱えるがためにさらに貧しくなる（前掲書：40-41）。限られた収入や食料は、稼ぎ手となる非障害者児に優先的に回され、障害児は後回しにされる。当然に、障害者は教育を受ける機会も限られ、その結果雇用の機会も限定され、正規雇用は教育を受けていないことから困難である。さらに、自営を試みても、障害者であるが故にマイクロファイナンス等の小規模融資も受けられないことが多く、家族に依存して生きるほか手段がない人も多い。重度障害者の場合には医療を施しても長生きしないと考えられ、放置されることもある。また、リハビリテーションを始めとするサービスを利用する必要がないと家族が考え、本人が受けたいと考えていたとしても、必要なサービスを受けられないことも多い（前掲書：41）。さらに国によっては、障害をもって生まれてきたこと自体家族の恥であると考えられ、家の中に隠され、名前さえ付与されない障害者もいる。このような障害者に対する差別が現在も続き、国として対策が取られていないことは、

非常に重大な問題である。加えて、各国政府が国内の障害者に関する正確なデータを把握できていないことも、障害者の抱える問題が喫緊の問題であることを示している。

　途上国は財政状態が厳しく、障害者への支援の必要性を政府が理解していたとしても、手厚い保障をすることは困難な状況である。さらに、途上国の農村地域では宗教色が強く、都心と比較して障害者に対する差別意識が強い。そのため障害当事者の自助団体の形成も難しく、自ら声をあげて家族や地域コミュニティの変革を求めていくことができない状況である。このような状況を打開するためには、農村部に居住する障害者たちに希望を見出せるような、ロールモデルとなる障害者の存在が求められる。特に障害者の中でも障害女性はより多くの差別を受けているが、具体的な状況が認識されていないのが現状である。

第2項　途上国における障害女性の現状

　途上国に限らないが、障害女性は複数の差別を受けている存在である。それは、障害者であるために受ける差別と女性であるために受ける差別の二重の差別に加え、貧困であるために受ける差別、そして障害女性であるために受ける差別である。

　障害者であるために受ける差別とは、障害者の四つの障壁のことを指す。それは、建物の設備不備による「物理的な障壁」、点字や手話通訳等の欠如により文化等の制約を受ける「文化・情報の障壁」、障害者等に学校の入学や就職の機会が与えられないといった「制度の障壁」、そして障害者に対する偏見や差別といった人の心の中にある「意識の障壁」である。女性であるために受ける差別とは、女性は家庭を守る存在であると考えられている性的役割分担が色濃く存在すること、加えて意思決定は男性が行うべきだと考えられていることである。さらに性的暴力の対象であることなどである。

　貧困とは、1日1ドル以下で生活しているといった経済的貧困のみならず、教育や雇用を始めとするあらゆる機会が奪われている状態を意味する。

　障害女性であるために受ける差別とは、子宮摘出施術の強要、中途で障害者になった場合に夫から離婚されることや、育児の機会を奪われることなどである。彼女らが受けている差別の具体的内容は途上国のみならず、援助国である

先進国においても認識が乏しい。そのため、国内の政策においても、ドナーの援助政策においても障害女性は支援を受けられず、取り残された存在となっている。その具体的な例を以下に挙げる。

　まず、障害女性は健康に暮らすための権利が保障されていない。つまり、安全な水、食糧、基本的な保健医療などへのアクセスが保障されていないのである（中西編 2003：51）。次に、教育や雇用の機会が保障されていない。それは、障害をもっているため結婚が見込めないと考えられ、そのような女子には教育を施す必要性がないと家族や親戚に判断されるためである。また仮にその必要性が見出されたとしても、バリアフリー化がなされていないため、学校に行く手段が限られたり、授業に参加できなかったりといった障壁がある。このように教育の機会に恵まれないために、非障害者の女性や障害男性と比較しても障害女性の識字率は格段に低い。その結果、女性として必要な基本的な保健医療などの講習を受けても理解できないため、感染症などの予防ができず、非障害者の女性と比較して伝染病の感染率が高いという結果が出ている。また、講習内容を理解できないどころか、講習があることすら知らされない場合も多い。情報の障壁である。さらに、仮に教育を受けていたとしても障害女性の多くは雇用の機会にも恵まれず、家庭の中に閉じ込められ、家族に依存した生活を強いられている。一日の初めに、今日は何を着るか、何を食べるか、外出するかどうか、といった自己選択さえも認められていない。家族の中で何の役割も与えられず、自分のことすら自分で決められない状況であることから、障害女性は障害を負った自分を否定的に捉え、生きる希望を見出せないでいる。

　上記のような複数の差別に加えて、障害女性特有の差別も受けている。それは恋愛、結婚、妊娠、出産、妻としての役割、育児といった母としての役割の剝奪である。例えば、子宮摘出手術の強要が挙げられる。子宮摘出手術は、月経時の介助負担軽減のために行われており、本人の意向を無視して行われていることが大半である。このような事実は、「障害女性は妊娠や出産をしない存在」であるという、差別的な考えが非障害者の中にあることを意味する。

　つまり障害女性は、男性でも女性でもなく「無性の存在」として扱われているのである。この無性の存在として扱われることは、障害女性にとって極めて屈辱的なことである。また、妻や母としての役割も奪われる。先天的に障害者

である場合は、先にも述べたが無性の存在として扱われることもあり、結婚の機会に恵まれることは稀である。一方事故や天災などから後天的に障害を負った場合は、家事をすることが困難であるため、妻や母の役割が果たせないとみなされ夫から離婚されたり、子どもたちを奪われたりし、障害を負った女性たちは絶望的な状態となり、自殺をすることも多い。しかし男性が後天的に障害を負ったとしても、離婚されることはほとんどない。それは男性の世話や、育児、家事は女性の役割であると考えられているからである。障害を負った女性はその性的役割分担を担うことができなければ、離婚されるのである。そのため、先天的に障害を負っている女性の結婚は非常に困難であるが、障害男性の場合は比較的に非障害者の女性との結婚の機会に恵まれている。ネパールでは、結婚後に妻が障害者になった場合、離婚をしても良いという法律が過去に存在した。しかし夫が障害者になっても離婚が許されるような法律は存在していなかったことからも、障害男性に対して障害女性がより深刻な差別を受けていることが分かる。

　障害女性が無性の存在と認識されている一方で、女性であり障害者であることを利用され差別もされている。それが家族や周囲の人からの性的暴力である。途上国の、特に農村地域に居住する障害女性は家に閉じ込められていることが多い。途上国の家屋の構造も原因となるが、一人で外出することは困難であり、また家族にとって恥であると考えられているため、家の一室に閉じ込められる。その状況を家族はもちろんのこと、親戚や近隣の人々は認識しており、家族が農作業で家を空けている間に性的暴力を振るわれることもある。障害女性は、誰から暴力を受けたか認識できなかったり、仮に誰から暴力を受けたかを認識できたとしても訴える手段を知らなかったりすることが多い。非障害者は、このような状況を認識した上で、彼女達を性的暴力の対象としている。仮に彼女達が訴える手段を知っていたとしても、家族に依存して生きていることから訴えることができないのが現状である。その性的暴力を受けた結果として、HIV/AIDS等の感染症や望まない妊娠が起こっている。

　このように、子宮摘出手術の強要、性的暴力、そして妻や母としての役割を奪われるといった差別を複数受ける可能性があることは、障害女性のみが受けている差別であり、女性であるから受ける差別や障害者であるから受ける差別

とは異なる種類の「障害女性が受ける特有の差別」であるといえる。結婚、妊娠、出産、育児というのは、非障害者の女性にとっては当たり前に選択できることで、特に女性差別の問題には含まれない。しかし障害女性にとっては当たり前のことではなく、非常に重要な問題である。これは女性であり、障害者であるという、非障害者による社会認識や位置付けから生じる差別である。

このような差別の社会構造を変革するには、途上国の政府が障害者に対する政策を充実すること、その中でも特に障害女性に配慮した政策が必要である。障害女性の抱える問題に対応していくためには、単に女性に対する施策と障害者に対する施策を策定するだけでは完全ではない。女性であり、障害者であるために受けている特有の差別の存在を認識し、それらを生み出している社会構造の解決に向けた対応を取っていく必要がある。しかし、途上国政府の少ない予算の中で対応していくのは限界があるため、国際的な支援による対応が必要となる。

国際協力において、障害女性への支援に必要な点は3点ある。第1に、国際協力を行うドナー機関の中で障害が主流化されることである。障害が主流化されるというのは、これまで無意識のうちに非障害者のみをターゲット層として行われてきた支援から、ドナーが行う支援のすべてに当たり前のこととして障害者が含まれ、そして障害に対して配慮されることを意味する。例えば、トイレの設置をする際に、ドナーは男性用、女性用、または男女が共同で利用できるようなトイレを提供するが、そのほとんどが障害者に配慮されているものではない。車イス利用者も利用できるスペースを確保し、視覚障害者や聴覚障害者も不便なく利用できるようなトイレを当たり前に提供するようになる必要がある。このような配慮が全ての支援において当たり前になされるようになることが、障害の主流化である。第2に、ジェンダー及び女性支援の課題の中に障害女性の抱える問題が組み込まれることである。障害が主流化されればこれは当然のことになるが、現段階から取り組まれることが望ましい。第3に、障害女性特有の差別を認識し、それらを軽減するような支援をすることである。具体的には、障害女性の意識を変化させることである。まず、障害女性自身にどのような問題を抱えているかを気付かせることが求められる。次に、何が原因でその問題が生じているのか、自分自身がどのように変化すべきか、そして問

題解決には何が必要かを障害女性自身に気付かせることである。その上で、障害女性が必要としている支援を行うことが求められる。そして、差別を生み出している社会構造も同時に変革させるような支援を実施する必要がある。つまり、障害女性に対するキャパシティ・ディベロップメントが必要であることを意味する。

以上の3点すべてが障害女性を支援していくために必要である。これらの点を主要ドナーが現在どの程度実行し、障害女性へのエンパワーメントに繋がっているのか、そして何が障壁となり障害女性に対する配慮が行われていないのかを検証する。

第2節　主要ドナー機関における障害者支援

本節では、主要ドナー機関を多国間援助機関、2国間援助機関に分けて、障害分野の支援の取組みについて概説する。それぞれのドナー機関が専門的な分野や手法から支援を行っている。それらの支援の中で、障害女性への配慮の有無や、具体的な支援の手法を概説する。さらに、障害女性への配慮が行われるようになった背景を検証する。

第1項　多国間援助機関の障害分野支援

1．国連機関

国連は、国際社会で古くから障害問題に取り組んできた機関の一つである。国連による障害分野へのアプローチは、国連主要機関の活動を通じたアプローチと、専門機関の活動を通じたアプローチの二つに分けて捉えることができる。

まず、国連本部における障害分野における取組みについて概説する。

国連主要機関において障害分野を担当してきたのは経済社会理事会である。国連において、障害分野の活動の国際的な合意形成や行動枠組みの設定が本格的に取り組まれるようになったのは、1970年代に入ってからである（成清編2008：45）。第3章第1節の歴史的変遷にて詳述してあるが、1970年には「知的障害者の人権宣言」、1975年には「障害者の人権宣言」がそれぞれ国連の場で採択され、障害者の人権を保護するために国家の行動並びに国際社会にお

ける行動が要求される契機となった。障害者の社会生活と社会の発展への完全参加を促進する必要性があるという認識により、国連総会で1981年を国際障害者年とすることが宣言された。国際障害者年となった1981年には数多くのプログラム、研究プロジェクトが実施され、政策の改善や提言などが行われた。1982年に採択した「障害者に関する世界行動計画」(以下、行動計画)は、1981年の主な成果を引き継ぎ、その後の行動について国際社会が合意した文書として重要であり、現在でも準拠される文書の一つとなっている。

　国際障害者年に引き続き、「国連・障害者の十年」とされた1983年〜1992年には、現在の「障害と開発」の土台となる活動が多くなされた。その主な成果は「障害者の機会均等化に対する基準規則」(以下、基準規則)として1993年に国連で採択された(1)。この基準規則は、行動計画と並んで現在国連の障害に関する取組みの指針とされており、障害分野の活動を行う様々なアクターの行動指針並びにアクター間の協力の指針ともなっている。

　国連の場で形成された枠組みや合意を実施するため、国連は三つの機能を備えている。それは、①社会開発委員会障害問題特別報告者(2014年までは国連事務局経済社会局にあった障害特別報告官のポストはなくなり、新たに人権委員会の下に障害者の権利についての特別報告官(Special Rapporteur on the rights of persons with disabilities)が置かれることになった。公平な選考の結果、2014年12月にコスタリカのMs. Catalina Devandas Aguilarが3年の任期で務めることになった)、②国連障害グローバルプログラム、③国連障害任意拠出基金、である。①社会開発委員会障害問題特別報告者は、基準規則の実施促進とモニタリングを任務とするほか、障害者の現状を把握し、国連に報告する任務を担っている。②国連障害グローバルプログラムは、国連事務局経済社会局に設置されており、行動計画と基準規則の実施を促進する活動を行っている。③国連障害任意拠出基金は、主に行動計画を実現するための革新的な活動を行っているNGOの組織能力の強化を支援しているほか、障害問題の認識を高め、知識や経験を交換し、適切な障害技術を普及するための小規模な無償資金を提供している(町田2005：172)。

　また、国連経済社会理事会の下にある地域委員会においても障害分野の活動が行われており、アジア太平洋地域についてはESCAPがその役割を果たして

いる。ESCAPの組織の目的は、経済社会開発全般にわたる地域協力の推進であり、地域に共通する研究・調査の実施、パイロット・プロジェクトの実施、セミナー・ワークショップを通じた政策決定者への理解促進、各種政策への提言を行っている。障害分野は、貧困開発部（Emerging Social Issue Division）において、ジェンダー、人口、社会政策、高齢化の問題と共に扱われている。ESCAPの取組みとして顕著であるのは、国連障害者の十年の後宣言された「アジア太平洋障害者の十年」である。1993年から始まったこの「十年」は2002年に最終年を迎えたが、2003年からも引き続き第2次アジア太平洋障害者の十年が行われ、さらに2013年から障害者権利条約の実施に向けた「新しいアジア太平洋障害者の十年」が採択され、実施されている。障害者権利条約が国連で2006年に採択され、アジア太平洋地域の各国で徐々に批准が進んでいる。条約は批准後にどう実行されるかが重要であることから、ESCAPを中心に「新十年」の実施に向けての動きが出始めている（詳細は第3章第1節参照）。

　次に、国連の専門機関の施策について概説する。多くの国連の専門機関が障害分野に取り組んでいる。専門機関はそれぞれの専門領域において、長年にわたり途上国の発展を目的とした活動を実施してきており、国連本部と並び、開発の現場で障害分野に早くから取り組んできたといえる。数ある専門機関の中でその活動において顕著である世界保健機関（WHO）、国連労働機関（International Labor Organization: 以下、ILO）、国連教育科学文化機関（United Nations Educational Scientific and Cultural Organization: 以下、UNESCO）の3機関に絞り、その施策を概観する。

　WHOは、すべての人々の健康を最良な状態に保つことを目的として1948年に設立された国連専門機関の一つである。1970年代後半から、特に基礎的医療サービスの拡大が遅れている途上国において、地域に根差したリハビリテーション（Community-based Rehabilitation: 以下、CBR）に取り組むなど、障害分野での活動を行ってきた。2004年にUNESCO、ILOと共同で発表されたCBRに関する政策文書「CBR：障害者のリハビリテーション、機会の均等、貧困削減と社会的包含のための戦略」は、CBRを開発の文脈に明瞭に位置付けた点において重要な意味をもっている。さらに、WHOは国際的な障害の定義に影響力を与えた、障害に関する国際的な分類を行ってきた機関でもある。

2001年には、それまでの「国際障害分類（ICIDH）」が改訂され、「国際生活機能分類（ICF）」が導入された(2)（町田 2005：173-174）。

　ILOは、すべての男女への適切で生産的な仕事を獲得する機会の提供を通し、貧困や社会的排除から逃れる手段を提供することを活動の目的の一つとしている。ILOの障害者に対する取組みは非常に早く、障害者の労働機会への権利を国際的に最も早く認めたものが、1944年のILO勧告である。この勧告で、障害のある労働者に「その障害の原因如何を問わず、リハビリテーション、専門的な職業指導、訓練、再訓練並びに有用な仕事での雇用への十分な機会を提供されなければならない」と明記している。1955年には、障害者の労働権利に関連した重要な国際文書である「職業更生（身体障害者）に関する勧告（以下、第99号勧告）」が採択された。この第99号勧告は、職業訓練、機会平等、同一労働に対する同一報酬に関するそれ以前の国際文書の中核的規定に基づくものである。同勧告は、1983年に「職業リハビリテーション及び雇用（障害者）条約（159号）」が採択されるまで、各国の国内法及び実践の基礎となった（オレイリー 2007：4）。

　ILOは1981年の国際障害者年の「完全参加と平等」というスローガンと、1982年に採択された世界行動計画の目標に基づいて、また第99号勧告以来の発展に留意して、1983年に第159条約を採択した（前掲書：6）。同条約では、障害者と職業リハビリテーションの概念定義(3)、障害者のための職業リハビリテーション及び雇用に関する国の政策の原則を規定、障害者のための職業リハビリテーション及び職業紹介等雇用サービスの開発において講じるべき措置を記している（前掲書：8）。さらにILOでは、第159条約と2002年に定められた「仕事場における障害の管理に関する実践規則」を基準とし、障害プログラムを通して、職業リハビリテーション、訓練雇用において障害者の機会と待遇の平等を促進している。また、ILOはすべての戦略にジェンダー主流化をすることを目標に掲げていることもあり(4)、障害のある女性及び女子を職業訓練に主流化するプロジェクトも行っている。さらにILOは、職業訓練開発に重点を置くCBRを展開し、先にも述べたようにWHO、UNESCOと共にCBRに関する政策文書も発表した。

　ILOは国連本部及び専門機関の中でも最も早く障害分野への取組みを始めて

いるといえよう。障害の定義においても影響力が強く、また途上国支援で重要であるCBRも実行しているため、他のドナー機関へ大きな影響を与える機関といえる。

　UNESCOは、設立以来初等教育の普遍化を中心に教育の拡大を推進しており、教育の視点から障害分野への支援に取り組んでいる。1990年にタイのジョムチェンで「万人のための教育世界会議」を開催し、2000年までに世界のあらゆる層の人々に基礎教育の機会を与えることを目標として、取組みを推進している。この枠組みに基づき、1994年にスペインのサラマンカで開催された「特別ニーズ教育国際会議」では、特殊教育に関する政策やカリキュラム、そして地域社会の役割などについて議論され、「サラマンカ宣言」及び行動枠組みが採択された。同宣言では、すべての子どもの教育を受ける権利を保障すること、ならびに特別な教育ニーズをもつ児童、青年、成人に対する教育システムの在り方が言及された。そして特別な教育ニーズに配慮しつつ、通常の学校に障害児を含む多様なニーズをもつ子どもたちを受け入れる「インクルーシブ教育」に向けた改革が提言されている。2003年に障害者の教育に焦点を当てたフラッグシップ「万人のための教育と障害者の教育の権利：インクルージョンに向けて（REPD）」を立ち上げ、リード機関としての役割を果たしている。REPDフラッグシップは戦略的課題として、①教育への参加と学習を妨げる構造的バリアを除去し、差別を撲滅すること、②教育の概念を広げ、生活技術や生涯学習を含むものとすること、③万人のための教育の達成に向け、障害をもつ人々のニーズに焦点を当てること、の三つを掲げている。フラッグシップのために設けられた行動目標には、障害者がフラッグシップの中核的メンバーになることが含まれている（町田2005：171-177）。

　以上三つの専門機関以外にも、国連児童基金（United Nations Children's Fund: 以下、UNICEF）は子ども保護の視点からの障害分野への支援を行っており、2013年の年次報告書では初めて「障害児」に焦点を当てた。また、国連食糧農業機関（Food and Agriculture Organization: 以下、FAO）は農業開発援助の枠組みの中での障害分野の支援を行っているが、それぞれの詳述は別稿に譲る。次に国連の機関以外の国際機関の代表として、世界銀行を取り上げる。

2. 世界銀行

　世界銀行の目的は、パートナーとの協力により、ミレニアム開発目標に掲げられた貧困削減の目標を達成することにある。世界銀行は2002年に「障害と開発イニシアティブ」を開始して以来、障害と開発に本格的に取り組む体制を整えてきた。世界銀行の「障害と開発」への取組みは、組織のトップの強いコミットメントのもと、開発の取組みに障害をインクルージョンし、メインストリーム化するアプローチを採り、実施されている。

　世界銀行は1990年代後半以降、障害に関する取組みを始めていたが、2002年に提出された障害分野の取組みに関するベースライン調査報告書は、2001年時点までの世界銀行の取組みが、①インクルージョン、②参加、③アクセスのすべてにおいて非常に限定的な取組みにとどまっていると指摘し、障害のインクルージョンに向け、世界銀行が取組みを本格化させなければならないと要求している。

　一方、2002年には世界銀行において初の障害と開発担当アドバイザーが任命された。障害当事者であり、障害並びに多様性に関する専門家として世界的に著名なジュディ・ヒューマン氏が障害担当顧問として迎え入れられた。ジュディ・ヒューマン氏はアメリカのクリントン政権時に教育省特殊教育・リハビリテーション・サービス局次官も担っていた。障害と開発担当アドバイザーの使命は、世界銀行の開発ミッションに障害に関する様々な課題を体系的に取り入れることにより、途上国の障害者の生活向上を促進することにあるとされる。

　障害と開発担当アドバイザーの具体的な活動としては、①世界銀行の様々な活動において障害の主流化をすること、②知識の共有、国際・国内・ローカルのアクター間の調整、様々なパートナーシップを構築すること、③資金と専門スタッフを動員すること、という3点が掲げられている。

　ベースライン調査の実施や、障害と開発担当アドバイザーの就任以降、世界銀行では障害のインクルージョンに向けた様々な活動が行われてきている。主な活動としては、①「障害と開発」に関するグローバル・パートナーシップ[5]の設立、②インターネットを通じた障害と開発に関する知識共有ウェブサイトの立ち上げ、③2002年、2004年の世界銀行国際障害会議の開催、④世界銀行の開発戦略への障害の包含に対する注意の喚起、などである。

2005年に出された二つの文書によると、世界銀行の障害と開発チームの現在の最優先課題は、障害と貧困の関係性を把握するために不可欠とされる障害に係る質の高いデータ収集である。世界銀行では、現在データ収集に向け、世界銀行独自の取組みを行うほか、他の援助機関とパートナーシップを組んだ取組みを行っている。また、世界銀行内部で障害者の視点をメインストリーム化し、障害者の価値ある人的資源を動員するために、世界銀行本部や各事務所の建物のバリアフリー化や職員採用での配慮など、内部にあるバリアを除去していく試みも実施している（前掲書：177-179）。

　障害女性に関しては、世界銀行のホームページに「障害とジェンダー」という項目を挙げ、障害女性の抱える問題を列挙している。例えば、数百万人の障害女性が家庭内暴力を受けていること、他の数百万人の障害女性が性器切除を受けていること、また法的には権利を有するものの彼女らに相続権が与えられていないことなどである。障害者インターナショナル（DPI）や世界盲人連合の女性部会といった国際的な障害当事者団体が途上国の障害女性に対して支援を行っていることが述べられている。またILOやUNICEFといった国連の専門機関がそれぞれの分野において障害女性に対する配慮を行っている例を挙げている。しかし、世界銀行の取組みに関する具体的な記載はない。

第2項　2国間援助機関の障害分野支援

1. アメリカ国際開発省（USAID）

　アメリカ合衆国の援助機関であるアメリカ国際開発省（United States Agency for International Development: 以下USAID）は、1997年に障害者政策を発表した。これはアメリカ合衆国で1990年に制定された「障害のあるアメリカ人法（American with Disability Act: 以下ADA）」の影響を受けている。ADAは世界で初めて制定された障害者差別禁止法であり、世界に大きな衝撃を与えるとともに、諸外国が障害者差別禁止法を制定するきっかけとなり、その参考とされた。USAIDにおいて障害者政策が策定されるに至った最も大きな理由は、1996年に全国障害者協議会（National Council on Disability: 以下NCD）がアメリカ国内の障害に関する政策の援助政策への反映の調査結果を公表し、援助政策においてもアメリカ合衆国の有する政策に沿う必要があるとされたためである

(USAID 1997)。

　USAID の政策文書において、障害分野及び障害関連分野で目指す明確な展望と取組みの枠組みが記された。その取組みに四つの原則が記されている。第1に、USAID 及び USAID の協力機関が実施する活動において女性や子どもを含む障害者に関する総合的で連続性のあるアプローチが必要であること。第2に、参加型プロセスの一環として障害者及び障害者関連団体への早期協議が必要であること。第3に、開発パートナーとして障害者問題に取り組むアメリカ及び諸外国の NGO との協力関係を構築すること。そして第4に、アメリカ合衆国政府の援助及び障害者問題に携わる他のドナーや諸機関との連携の促進が必要であることである。

　この4原則の第1の原則の中に障害女性への明記がなされたことは、障害者政策策定後の援助プログラムに障害女性への配慮がなされることを意味しており、USAID の中で障害女性が重点的なターゲット層であることがわかる。

　また USAID は現在、障害の主流化を推進しており、三つの取組みがなされている。その取組みは、障害の四つのバリア（意識のバリア、物理的なバリア、文化・情報面でのバリア、制度的なバリア）を取り払うための取組みである。その取組みとは、①建設事業における障害者のためのアクセシビリティ基準の設定[6]、② USAID 職員への研修、③援助並びに外交政策における障害の視点の導入、といった3点である。

　①の建設事業における障害者のためのアクセシビリティの基準の設定とは、直接契約業者並びに間接契約業者を含む USAID が資金援助するすべての活動は「ユニバーサルデザイン」を志向し、一定のアクセシビリティ基準を満たさなければならないことなどを明記した政策を策定している（町田 2005）。この取組みによって、障害の物理的なバリアが解消されることにつながる。

　② USAID 研修は、USAID の全職員を対象とした E ラーニングを人事部が主導となって行っている。特に、部長・課長といった上層部の職員に対して積極的に推進されている。具体的な訓練の内容は以下の内容が例として挙げられている[7]。

 i 　国際協力の実践の中でどのように障害者をインクルーシブするか
 ii 　対象職員の関わっている分野における障害計画の策定

ⅲ　インクルージョンの障壁は何か
ⅳ　これまでの成功例からの学び
ⅴ　障害女性、障害児に特に配慮する必要性

　職員に対して障害（者）の知識を入れることは、障害の四つのバリアの一つである「意識のバリア」を打開することにつながる。そしてその訓練の中で障害女性が受けている複数の差別、配慮の必要性を学ぶことによって、その後の援助計画での配慮が期待できることから、非常に有効であると思われる。特に職員の上層部が知識をもつことは、最終決定を行う際にしっかりと差別が行われていないかを確認することができる点からも有効である。

　③援助並びに外交政策における障害の視点の導入とは、アメリカ国務大臣とUSAID長官が障害者の生活を向上させるための連邦諮問委員会を設立し、アメリカの外交政策や援助政策において、障害者の利益や権利を主張して、実行していく取組みである（Lloyd 2005）。これは制度的なバリアを取り除くことにつながる点で有効である。また、USAIDの障害分野の支援の特徴の一つは、アメリカの障害当事者団体と協定を結び、事業を委託しているところである。具体的には、USAIDがどのように支援を行っていくべきかといった調査研究の委託から始まり、現在ではワークショップの開催や研修事業を委託している。障害の主流化に向けた取組みの一つである、USAID職員へのEラーニングの内容は、アメリカの障害当事者団体でUSAIDと障害分野の支援の協力を行っているMobility International USA（MIUSA）[8]が作成したマニュアルを使用しており、障害当事者団体に一定部分委託している。そのため障害当事者の意見を取り入れることができ、信頼関係が築かれている証となっている。

　USAIDは1997年の障害分野の政策文書以降、2, 3年に1度のペースで障害分野の実施報告書を出しており、2008年12月に5度目の報告書が出されている。この実施報告書では、USAIDの障害分野における取組みについて、ワシントンDC本部の各部署の取組み、在外事務所における現地での取組みについて詳述されている。このような実施報告書は実際に障害分野への支援を行っていなければ作成することができないため、USAIDが障害分野の支援を重要視していることの証明となっている。

　障害女性に対する取組みは、他のドナー機関と比較して格段に進んでいる。

それは USAID で障害女性に対する取組みをする部署が、ジェンダーと開発分野を担当する WID オフィス（Women in Development Office）であることである。これは、他の機関が障害女性の問題を扱っていない、または障害分野の一つの問題として捉えていることが多い中で、WID オフィスが障害女性の問題を担当するということは、USAID では障害女性の問題を、ジェンダー及び女性の問題の中の一つと捉えていることを意味するため、高い評価をすることができる。WID オフィスでは特別な優先事項として「障害女性と開発」をウェブサイトにおいて取り上げている点も他機関では見られないことであり、障害女性の抱える問題を認識していることがわかる。このウェブサイトでは、障害女性問題の概観、社会通念、補足的手段という三つの視点で取り上げられている。

2. 英国国際開発省（DFID）

英国国際開発省（UK Department for International Development: 以下 DFID）は、1997 年 5 月労働党のブレア政権の発足に伴い、外務省の下部機関〔海外開発庁（Oversea Development Administration: 以下 ODA）〕から、国際協力を担当する独立した省として誕生した。DFID は閣内大臣の下で、援助の政策立案から実施までを一元的に実施している。[9] DFID はその発足以来、貧困削減を最優先の目標に設定し、ミレニアム開発目標設定後の DFID の最大の使命ともいえる 2015 年までの貧困削減の達成のためにも、国際協力においてすべての脆弱な社会集団の人権を尊重し、彼ら自身の政策策定プロセスへの参加を奨励する包含的なアプローチを推進している。DFID ではイギリスで 1995 年に障害者差別禁止法（DDA）が制定されたこと、そして 2005 年に改訂された DDA で DFID の事業においても障害者に対する配慮が義務化されたことを受けて、障害分野への取組みが活発化してきている。2010 年から 2011 年にかけて、その配慮義務を新しい平等法（New Equality Act）に基づいて実行している。[10]

DFID の 2000 年に出された文書「障害、貧困と開発」では、「障害は貧困の原因であり、結果でもある」との認識を示している。障害分野の支援は、①障害の主流化、②より広い枠組みでの取組み、そして③新しい事業を行っている。

①障害の主流化の方法としては、DFID の行う事業のすべての領域において、障害の主流化を行うとし、事業の計画立案、実施といったすべての段階にお

いて障害者の参加が必要であるとしている。また、障害者による助言がDFIDの事業に反映されるとしている。さらに、障害者のニーズに応えるため、ツイントラック・アプローチ（twin-track approach）[11]を採用するとしている。
②より広い枠組みでの取組みでは、DFIDの障害者支援の政策策定を担当する政策部局が事業の人権問題、特に社会排除に関する事業においてより広い枠組みで障害分野の支援をすることが必要であるとしている。さらに③新しい事業では、障害といった社会排除に関わる課題をDFIDがどのように取り組んでいくかについて検討されている。近年の進展している取組みとしては、障害の主流化に焦点を当てた「知識と研究（Knowledge and Research: KaR）プログラム」に対して1400万ポンドの資金を投入している。

2004年にDFIDのそれまでの障害分野での活動を再検討し、『DFIDと障害：DFIDと障害問題の概要』と題する報告書を作成している。同報告書によると、DFIDはNGOとの協力関係を通して障害分野の活動に取り組んでいるが、主流化は未だ達成されず、多くの課題があると指摘している。DFIDは主流化のプラットフォームとして、社会的排除に関する取組みと、2004年に導入した多様性戦略（diversity strategy）を活用しようとしている。多様性戦略は、平等計画（Equality Scheme）が含められており、DFIDの組織全体において多様性と平等を促進している。同戦略は特に、障害、人種、ジェンダー問題に焦点を当てており、DFIDの障害分野の活動の多くは「市民社会挑戦基金」や「パートナーシップ・プログラム合意」を通して市民社会組織との協力関係を結び、実施されている。

2006年には、2006年12月から2009年11月までの3カ年の行動計画である「障害平等計画」が出された。これはDFIDが発表した障害に関する初めての障害分野に関する計画であり、年に1回進捗状況を報告し、行動計画を更新することが義務付けられている。DFIDは全ての関連する政策や手法の中核的な問題として、障害平等化されることが明確な任務であることを、この計画を公表することで示している（DFID 2009：9）。

障害女性に対する施策は、障害女性が二重の差別を受けており、障害男性と比較して識字率も低いことや、障害女性に対するリプロダクティブ・ヘルスの啓蒙活動が欠如しているといった事実は述べられているものの、特別には施策

が取られていないのが現状である。多様性戦略の中でジェンダー及び障害がそれぞれ焦点を当てられているが、その重複する部分である障害女性に対する記述は、ジェンダー施策においても障害施策においてもない。

第3節　日本の障害分野支援

第1項　JICAの障害分野支援[12]

JICAによる障害分野への協力[13]は、1976年の青年海外協力隊（マレーシア・理学療法士）派遣から始まり、その後研修員受け入れ、無償資金協力、技術協力プロジェクト等が実施されている（木下 2003：148）。2003年10月には障害者支援の課題別指針を発表し、「JICAが事業を実施する途上国において障害者の『完全参加と平等』が実現できるよう支援すること」を目的としている（国際協力機構 2003：22）。また課題別支援委員会として、障害者支援課題別支援委員会を設置し、障害当事者を含む外部有識者から助言を得られる体制が整えられた。さらに2004年には、JICA内に障害分野支援を包括的に扱う部署を設置した（木下 2003：149）。

障害者支援の課題別指針では、障害者支援の目的達成のための基本方針として、「障害者のエンパワーメント」と「障害者のメインストリーミング（主流化）[14]」という二つの柱（ツイントラック・アプローチ）を立てている。JICA事業における障害者のエンパワーメントとは、OECD／DACの貧困削減ガイドラインにおけるエンパワーメントの考え方を採用し、五つの能力（基礎的能力、社会的能力、経済的能力、政治的能力、危機対応能力）を障害者やその家族、コミュニティが状況に合わせながら開発していく過程を指している。具体的な支援方法としては、障害者やその家族、当事者団体を直接の裨益者とした直接支援（リーダー育成、自立生活訓練など）と、各国政府や市民、医療リハビリテーションの専門家を対象とした、エンパワーメントのための条件・環境整備（コミュニティでの啓発、関連職種専門職の育成など）という間接的な支援の二つのアプローチがある。

そしてJICA事業における障害者の主流化とは、「障害者の視点を全ての協力スキーム、事業サイクル、セクターに組み込むという考え方で、このことに

よって、全ての開発課題において、計画策定、実施・モニタリング、評価に障害者が参加することを目指す」と記されている。つまりJICAが実施するすべての案件において、プロジェクトの裨益者及び実施者として障害者の存在を意識し、プロジェクトの計画、実施、モニタリング、評価といった援助サイクルのすべての段階に障害者の参加を組み込むように配慮をすることを意味する。この参加によって、当事者だからこそ見出せる障害者独自のニーズをプロジェクトに反映させていくことを目指している。障害者のみを対象とするプロジェクトや研修だけでなく、他の分野のプロジェクトや研修においても障害者が参加しやすいような環境を整えるといった、バリアフリー化も目指している。同時に、JICA事業における障害の主流化を図るためには、JICA関係者の意識改革（職員研修）、建物等のバリアフリー化（エレベーターやトイレ）、情報提供手段の多様化（手話通訳や点字資料、拡大文字等）、及び障害をもつ専門家や協力隊等に関わる派遣制度の見直し等の見直しを行っていくことが必要である、としている。

これら障害者のエンパワーメントと障害者の主流化という二つの柱は独立し

図7：JICA障害分野支援のアプローチ

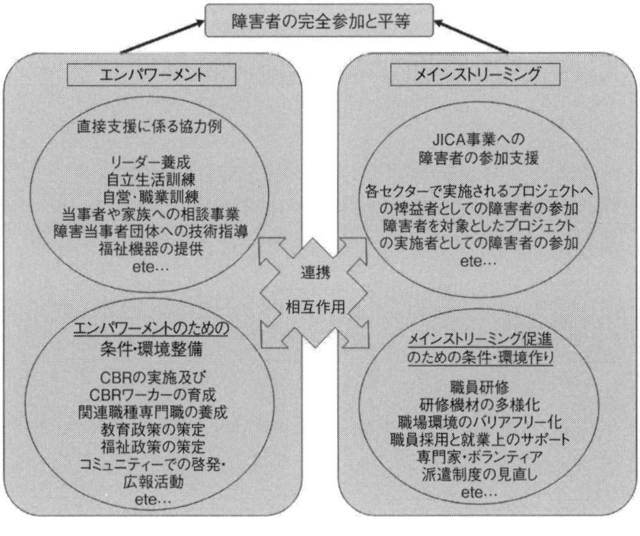

出典：国際協力機構 2003a：26

て存在するわけではなく、相互に連携し補完しながら障害者の完全参加と平等を目指して実施するとしている（国際協力機構 2003a：22-26）。

　これまでの支援実績としては、研修、専門家派遣、技術協力プロジェクト、ボランティア派遣が行われている。研修では、専門家育成のための研修といった医学モデルの立場に立った支援が90年代後半まで占めていたが、近年になって障害者に対する自立支援等の研修が行われるようになってきている。技術協力プロジェクトにおいては、リハビリセンターのプロジェクトが大半を占めており、専門家主体の支援が未だ多い状況である。しかし、次節で取り上げる、アジア太平洋障害者センタープロジェクトを皮切りに、障害者主体の支援が行われるようにもなってきており、障害者の専門家派遣も少しずつではあるが増加している。具体的な数値は外部に公開されていないが、専門家、調査団員、ボランティアで障害当事者が海外へ派遣されている。また派遣される人の個別の状況に応じて介助者の派遣も行っている。（国際協力機構 2009b:107-114）。年々、個々のニーズに柔軟に対応する環境が整ってきているが、分野横断的課題として国際協力に障害を取り入れることは行われていない。障害者も当然に関わると考えられる教育、保健、農村開発などの分野において障害に配慮した支援はほとんど行われておらず、障害者は未だ排除された状況で支援が続けられている。

　2003年にODA大綱が改訂され、重点課題の一つとして「人間の安全保障」の視点が掲げられた。これにより、JICAは日本政府の方針を踏まえ「JICA改革プラン第一弾」を2004年3月に発表し、改革の三つの柱として、「現場主義」、「効果・効率性、迅速性」とともに「人間の安全保障」を掲げ、人々を中心に据え、人々に確実に届く援助を目指している（国際協力機構 2005：16）。人間の安全保障を導入することにより、JICAの支援に四つの変化がみられる[15]。

　第1に、「政府」と「地域社会／人々」双方への支援を意識した協力が行われるようになった。トップダウンのアプローチとボトムアップのアプローチの双方を組み合わせる協力が増加して、NGOとの連携も以前より強化されるようになった。第2に、「恐怖」と「欠乏」からの自由に包括的に取り組む協力が行われている。これは、紛争・災害後の国や地域が復興の段階から開発の段階への移行を継続的に行えるように意識されている。また、突然起こる災害、

経済危機、感染症等への備えを意識し、リスクマネジメントの視点が組み込まれている。第3に、社会的に弱い人々への裨益を強く意識した協力が行われている。社会的に弱い人の例として、貧困層、障害者、先住民、高齢者、女性や子どもが挙げられている。また、これらの人々を取り巻く課題の複合性にも注目し、専門的知見を組み合わせて総合的に取り組む協力（マルチ・セクターアプローチ）が増加している。第4に、国際社会への脅威となる課題に対応することを強く意識した協力が行われている。気候変動によるリスク等や国境を超える感染症といった国際的な課題に対応することを意識した協力が行われている。

このように、ODA大綱に人間の安全保障の視点が導入され、JICAの援助では以前よりも対人間に対する支援が増加している。また、第3の変化において社会的に弱い人の例として障害者が明記された意味は大きい。それはこれまで社会的弱者という文言の例として、障害者が記されることは少なかったからである。例示されているからといって、支援が行われているとは言えないが、記されるということはJICAの中で支援の対象として意識されていることを意味している。しかし人間の安全保障の視点を導入してから既に2015年時点で約12年が経過している。障害の主流化や障害分野の支援の増加に向けてより一層の取組みが求められる。

第2項　JICAの障害女性に対する認識

前項で詳述したように、JICAでは「JICAが事業を実施する途上国において障害者の『完全参加と平等』が実現でき得るように支援すること」を障害者支援の目的にしている。その目的達成に向けた取組みの2本柱として、「障害者のエンパワーメント」と「障害者の主流化」が掲げられている。

このような方針の中で、障害女性に対する記載は、「障害者のエンパワーメント」の直接支援の重点対象者の一つとして挙げられているだけである。直接支援として、障害女性自身が自信をつけ、技術を身に付けるために訓練を行う必要性があることに加え、彼女らを取り巻く家族や地域コミュニティといった社会の理解を促すことも必要であるとされている。そして、訓練された障害女性たちが生産活動を営めるような仕組みの検討も必要とされている（国際協力

機構 2003a：31）。

　以上のように、JICA の障害者支援の方針を示す、課題別指針の中に障害女性への配慮の必要性は述べられているものの、障害女性が受けている差別の具体例や、JICA 事業においてどのように配慮していくのかという実際の施策は記載されていない。また、ジェンダーと開発の課題別指針において、障害女性に関する記述は「健康課題への取組み」の中で記載されているのみで、女性問題の中においても特別な配慮の対象の意識が薄かった。

　しかし 2009 年 11 月にジェンダーと開発の課題別指針が改定され、主要課題とジェンダーの中に、「社会保障とジェンダー」という項目が新しく作られ、そこに障害者支援について記載された。その新しい課題別指針で、「障害女性は、知的障害者、精神障害者、重複障害者、難病患者などと並んで特別なニーズを持つ対象者である」とされ、障害者を対象とするエンパワーメントの活動に障害女性が含まれているかを考慮すべきであること、JICA のジェンダー関連プロジェクトに障害女性を組み込むことの重要性が記されている。また、2008 年 12 月からパキスタンで行われている「障害者社会参加促進プロジェクト[16]」をジェンダー配慮された障害分野の支援の好事例として紹介している（国際協力機構 2009：79-81）。

　実際に、ジェンダーや障害女性に配慮して障害者支援を行っているのは、2009 年 10 月現在、アジア太平洋障害者センター（Asia-Pacific Development Center on Disability: APCD）プロジェクトと上記のパキスタンの障害者社会参加促進プロジェクトだけである。このような現状は、課題別指針の策定に携わった人々等、ある一定の人が障害女性という取り残された存在や、彼女らの抱える問題を認識しているのみで、多くの人は未だそれらを認識していないことを示している。障害女性が抱えている問題は、障害者が抱える多くの問題の一つとして含まれるはずであり、それを認識していないということは、JICA 事業の全てに障害者の視点を入れるという、障害者の主流化が未だ浸透していないことを意味するのではないだろうか。

第4節　アジア太平洋障害者センター（APCD）プロジェクトの ジェンダー研修

　本節では、JICA の アジア太平洋障害者センタープロジェクト（Asia Pacific Development Center on Disability: 以下、APCD プロジェクト）の障害女性研修を取り上げる。APCD プロジェクトは JICA の障害分野支援の中でも好事例として表彰を受けていること、そしてびわこミレニアムフレームワーク（第3章第3節参照）の地域協力の中でも協力機関として APCD が明記されていることから、アジア太平洋地域の中で障害分野の政策に影響を与える機関であるため、事例研究として取り上げる価値があるといえる。また APCD プロジェクトが行う研修事業の中で、障害女性に焦点を当てた研修を行っていることからも、障害女性に焦点を当てることになった経緯や、実際の研修内容に対する分析が重要となる。

　第1項では、APCD プロジェクトの概要やその独自性を述べる。第2項では障害女性に焦点を当てたジェンダー研修の計画立案から実施までの概説をする。続く第3項では、APCD の教訓から得た障害女性支援の一方法を検討する。

　なお、本書では APCD プロジェクトのジェンダー研修というプロジェクトのごく一部分に焦点を当てている。APCD プロジェクト全体については別稿に譲る。

第1項　アジア太平洋障害者センタープロジェクト概要

1. APCD の設立経緯

　APCD プロジェクトは、2002年9月から開始された JICA の技術協力プロジェクトである。2007年8月に5年間の第1フェーズを終え、同年9月から第2フェーズに入り、2012年7月まで JICA による支援が行われていた。JICA からの支援が終了した現在も APCD の活動は継続されている。まず、APCD プロジェクトの設立経緯を概説する。

　第2章第2節で述べたように、国連の「国際障害者年」、そして続く「国連・障害者の十年」により、障害者を取り巻く問題と状況が注目されるようになり、

その状況改善に向けて様々な取組みがなされるようになった。さらに1992年に「アジア太平洋障害者の十年」の「アジア太平洋地域における障害者の完全参加と平等に関する宣言」と「12の行動課題（Agenda for Action）」がESCAPで決議されたことにより、アジア太平洋地域の障害分野の支援に対する関心がますます高まり、この分野に対する国際協力の機運が高まった。決議の共同提案国となっている日本は、障害分野の支援で指導的役割を果たすことが求められた。

APCDプロジェクトは、これまで障害者の人権擁護や権利活動などがNGOをはじめとする非政府団体を中心に展開されてきており、「民と民」とのネットワークだけでなく、「民と官」のネットワークを促進することが状況改善には不可欠であるという認識のもと始まった。また、これまで非障害者から障害者へサービスするという、非障害者が主体となって障害者は受け手となる支援方法が主流だったなかで、「障害者から障害者へサービスする」という、障害者が主体となる支援方法への見直しを迫られ、案件が形成された（国際協力機構2008：5）。アジア太平洋障害者の十年の中間評価の時点から、アジア太平洋地域の障害者支援のためのセンター設立の声が高まった。日本政府とタイ政府がこの状況を受け止め、2002年にタイ政府は日本政府に対して技術協力の要請をし、JICAの技術協力プロジェクトとしてAPCDプロジェクトは開始された。

APCDプロジェクトは、アジア太平洋地域の途上国に住む障害者のエンパワーメントを通して、障害者の「社会参加と平等化の実現」を促進していくことを目的としている。そのため、プロジェクトの上位目標は、「アジア太平洋地域の途上国において障害者のエンパワーメントとバリアフリー社会が大きく促進される」とされた。APCDプロジェクトの障害者のエンパワーメントと社会のバリアフリー化に関わるコンセプトチャートは図8の通りである。

図 8：APCD のコンセプトチャート

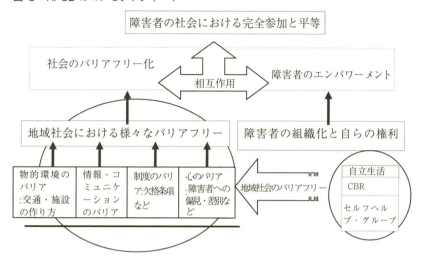

出典：国際協力機構 2008：14

2. プロジェクト目標及び実施内容

　JICA で行われている既存の障害分野支援と APCD プロジェクトとの相違点は、障害の社会モデルをプロジェクトの基礎として支援している点である。既存の支援では、リハビリテーションなどの医療専門家（非障害者）が主体となって支援が実施され、裨益者として障害者が位置付けられるという、障害の医療モデルをベースとして支援が行われてきた。それに対して障害の社会モデルをベースとして支援を行うと、障害者が主体となり支援の計画から実施、評価の全段階に参画することになるため、障害者が必要としている支援内容が見出せることになる。障害者が主体になることで、非障害者には見えていなかった問題点が明らかになることや、ロールモデルとなる障害者が活躍できるため当事者のエンパワーメントに繋がりやすくなる。2002 年 9 月から 5 年間行われたフェーズ 1 と 2007 年 9 月から 5 年間行われたフェーズ 2 では、その位置づけや目標や成果、さらにはターゲット層にも変化がでている。

　1) フェーズ 1
　2002 年 9 月から 2007 年 8 月までの 5 年で行われたフェーズ 1 は、表 8 にあ

るように四つの成果を掲げた。期待された成果は、APCDがアジア太平洋地域の途上国における関連機関とのネットワーク構築や連携の促進、情報支援の提供、人材育成、持続性を確保するために必要とされる運営管理体制の確立である。具体的には、APCDは当該地域の政府機関、NGO、国際機関と提携しネットワークを形成して、情報や協力を必要とする団体が最も適切な団体と連絡・連携できるように側面支援を行った。

表8：フェーズ1のプロジェクト目標・成果

上位目標	アジア太平洋地域の途上国において障害者のエンパワーメントとバリアフリー社会が大きく促進される
プロジェクト目標	アジア太平洋地域の途上国で障害者のエンパワーメントとバリアフリー社会を促進する地域センターとしてAPCDが設立される
成果1	センターが関連機関・グループとのネットワークづくりや連携を促進させる
成果2	センターが事業の上位目標の達成のために情報支援を提供する
成果3	センターが関連機関・グループとの協力で、事業の上位目標を達成するための人材を育成する
成果4	センターが持続性を確保するために必要な管理体制をとる

出典：国際協力機構（2008a：6）

　そのような関連団体間の情報ネットワークに、様々な障害者が参加できるようにウェブサイトのアクセシビリティに係る技術支援を行うと共に、各国の提携団体に対し、自国の草の根の障害者が情報を活用できるよう、最も適切な手段での情報配信と現地語化を依頼していくという方法を取っている。人材育成に関しては、自助団体の運営強化、CBR、自立生活、ICT（情報通信技術）、物理的なバリアフリー環境の整備といった重点分野の実践を自国や当該地域で指導・推進できるリーダー的存在を育成した。

　アジア太平洋地域の32カ国を支援対象として、バンコクに位置するAPCDに政府機関及び非政府機関の代表者を招へいし、障害と人権、自立生活とピア・カウンセリング[17]、障害者に優しい街づくり（アクセシビリティの向上）、自助団体育成、障害当事者リーダーの育成、視覚障害者を対象とした情報技術、障害者に優しいウェブづくりなどの研修を行った。帰国した研修生は研修の最後に自ら作成する今後の活動計画をもとに、自国で既存のリソースとネットワーク

を活用し、それぞれの活動を展開してきている。

2) フェーズ2

2007年9月から始まったフェーズ2は、フェーズ1のフォローアップとして位置付けられた。そのため、①APCD、窓口機関、協力団体、その他の関連団体との間で、より効果的で持続的な連携が進展すること、②国際化に向けてAPCDの運営管理能力が強化されること、という2点が新たな成果として加えられた（表9参照）。また、焦点を当てるターゲット層にも変化があり、フェーズ2ではフェーズ1ではあまり対象になっていなかった知的障害者及び聴覚障害者への支援に重点を置いている。同時にジェンダー配慮に関しては、障害女性の参加促進にも適切な配慮を行うとされた。

表9：フェーズ2のプロジェクト目標・成果

上位目標	アジア太平洋地域において、1) 障害者のエンパワーメントと、2)「障害者が権利を保障され非障害者とともに諸活動に参画できるバリアフリー社会」に向けての変化が促進される
プロジェクト目標	アジア太平洋地域において、1) 障害者のエンパワーメントと、2)「障害者が権利を保障され非障害者とともに諸活動に参画できるバリアフリー社会」に向けて、APCDが、障害当事者組織と各国政府を含む障害者支援組織の連携を促進する地域センターとして機能する
成果1	APCD、政府調整・窓口機関、協力団体、その他の関連団体との間で、より効果的で持続的な連携が進展する
成果2	国際化に向けてAPCDの運営管理能力が強化される

出典：国際協力機構（2007：30-32）

成果2に関しては、APCDはこれまでタイ王国の社会開発・人間の安全保障省公共福祉局の下部機関であったが、2009年より財団法人化され「APCD Foundation（APCD財団）」と組織の名称も変更となった。目標の一つを達成した形となるが、財団を維持していくための資金調達等の新たな課題があることから、フェーズ2の期間中にどの程度自立できるようになるかが課題となった。その自立の一環として、ESCAPやAPCDを会場として開かれる障害者団体の会議やセミナーに参加し、報告書を作成する業務を請け負ったり、研修事業を簡単なパンフレット形式にまとめたり、多くの人に認知してもらえる方法で取組みを続けており、2015年1月現在も活発に活動が続いている。

3. APCDの独自性

　APCDはJICAの他の障害分野支援とは異なり、次の点において独自の特徴がある。第1に、タイを拠点としたアジア太平洋地域の障害分野の支援を行っている広域プロジェクトであることである。タイ国内の障害者に対する支援だけではなく、アジア太平洋地域の障害者に対する支援を行っており、第3国研修の実施や南南協力の推進も行っている。APCDプロジェクトはアジア太平洋諸国の政府関係者や障害者リーダーの人材育成に従事し、彼らが自国で活動を行うことが可能となるための、ファシリテーターの役割を担っている。

　第2に、障害者の生活が困難であるのは個人ではなくそれをつくり出している社会の問題であり、社会そのものが改善されるべきであると考える「障害の社会モデル」を障害に対する概念とし、事業を実施したことである。障害の社会モデルを軸として支援をすることによって、障害者を取り巻く社会を非障害者側からも障害者からも変革していくことが見込まれるのである。障害の社会モデルをもとに障害分野の支援を実施し始めたのはAPCDプロジェクトが初めてであり、その後にJICAで形成されるプロジェクトにも影響を与えた。

　第3に、ネットワーク型の支援を行ったことである。各国政府及びNGOなどと広くネットワークを構築することで、障害者自身による障害者のエンパワーメントを実現させることを狙いとした。また、障害者個人だけでなく、障害当事者団体、NGO、そして政府高官や民間企業にも働きかけ、国際的なリソースの活用や、情報共有を通してネットワークの強化を図った（国際協力機構 2008：53）。具体的な方法としては、APCDプロジェクトで実施する研修日程をESCAPの政府間会合と合わせて政府高官と障害当事者の発表を同じ場に設け、交流できる環境を整えた。また、第4の独創性にも関連するが、研修生が自国に戻り、セミナーを行う際には、研修生の発表時に政府担当者をAPCDプロジェクトから声をかけて招待し、双方の交流の機会を設けるようにした。

　第4に、研修後にフォローアップをする体制である。APCDプロジェクトにおけるフォローアップとは、当該国においてリソースパーソンとなる研修修了生が、研修修了時に立てた行動計画にそって、帰国後に行う活動を支援することである。その活動内容に応じて、障害当事者団体や中央政府、地方行政、

民間企業などの利害関係者と接点を見出し、相互に連携をすることで、制度・社会レベルのインパクトを発現させるのである。しかし、APCDプロジェクトにおいて、フォローアップそのものが目的なのではなく、プロジェクトの計画立案から実施、モニタリング、評価という一連の流れの一つとして位置付けられている（前掲書：22）。

このような独自性があるからこそ、これまでJICAが実施してきた障害分野の支援で一度も焦点が当てられなかったジェンダーの視点がAPCD事業の中で見出されたといえよう。

第2項　ジェンダー研修概要[18]

1. 実施背景

これまでAPCDプロジェクトでは、実施する研修において常にジェンダー配慮をしてきた[19]。例えば、APCDプロジェクトの専門家が対象国の関連団体を訪問する際に、障害女性の応募を期待する旨を伝えていることや、研修員選考においても男女比のバランスを考慮した。加えて、APCDの研修ごとに発足するタスクフォース等の内部関係者や、協力団体等の外部関係者に対して、戦略的に障害女性に支援をしていくことの重要性を伝えてきたことも、APCDによるジェンダー配慮の一つである。このような努力の結果、全研修生の約4割が障害女性という結果が出た。しかし、障害女性が抱える問題は未だ解決されず、障害男性と比較して差別的な立場にあるという状況は変わらなかったため、研修参加者のジェンダーバランスに配慮することだけでなく、障害女性の抱える固有の問題や、ジェンダー問題に焦点を当てた研修内容の必要性を認識した。この必要性を認識したのはAPCDプロジェクトに関係していた障害男性であったが、障害女性の研修を主体的に計画・立案するのは障害女性であるべきであるとして、DPIアジア太平洋事務局の障害女性にその計画立案が委ねられた。

2. 計画・立案段階

計画立案プロセスにおいて配慮されたのは、計画立案を障害女性が主体となって行うことである。これまで障害当事者団体の代表が国際会議等に出席し、

障害者が受けている差別や抱える問題について国際社会に訴えてきた。しかし、その代表は障害男性が多数であったため、障害女性の抱える特有の問題について言及されてこなかったことが、未だ障害女性が最も取り残された存在である原因でもあった。そのため、障害女性の研修は障害女性が主体となって計画される必要があった。障害女性が主体となって計画立案を進めることで、自然と障害女性に必要な研修内容が作成されることになるためである。本研修の計画立案は、DPIアジア太平洋事務局の障害女性が主体となって作成され、それを基に、障害男性及び非障害者の関係者と共に議論を交わし、APCDプロジェクトへ要請する研修内容を完成させた。計画立案段階での研修目標は、研修生全員が障害女性で、「研修生が所属する障害当事者団体に女性部会をつくる必要性を認識すること、及び女性部会の設立方法を学ぶこと」であった。その目標到達のためには、以下の段階を踏む必要性が検討された。

　第1に、非障害者の女性や障害男性にはない障害女性に特化した問題を認識してもらう必要がある。例えば、月経時の介助負担を削減するための子宮摘出手術の強要や、結婚、妊娠、出産、育児の機会が奪われていることが、障害者であるからといって当然に行われるべきではないことや、それらの行為を拒否する権利が障害女性自身にあることを、自立生活をしている障害女性が講師となり発表する。そして、研修生の居住する地域において、どのようにすれば自己選択をして生活していくことができるかを、グループディスカッションで模索する。つまり、国の違いや障害の種別によって、同じ女性であっても必要とすることが異なることを、研修生が理解していくことを目的としている。

　第2に、セルフヘルプ・グループ（自助組織）設立の必要性を認識することである。上記の問題是正を障害女性の家族や周囲の人々から理解を得るために、同じ境遇の障害女性たちが互いに協力し、周りの意識を変容していく必要があるからである。何事も一人で周囲の人々に状況の変化を訴えても、効果が乏しいのが現状である。本研修には同じ障害当事者団体に所属している障害女性を2名ずつ研修生として迎えることを前提としていたため、まずは2人が協力して周囲に居住する障害女性に働きかける。そして、自分たちの生活改善という、同じ目的を有する者同士が協力して周囲に理解を求めていくことが必要である。ここで共通の認識をもつことが重要となってくるため、自助組織を設立し、同

じ目標に向かって、周囲の人々に理解を得ることが有効な手段であることを理解することが目的となっている。

第3に、既存の障害当事者団体において女性部会を設立する必要があることを認識してもらうことである。社会全体の意識改革をするためには障害女性のみの自助組織では影響が小さすぎるため、障害女性の抱える問題が障害者全体の問題の一つであることを障害男性に理解してもらうことが不可欠である。障害女性の抱えている問題を家族や周囲の人々に理解してもらい、ひいては社会に意識変容を求めるためには、障害男性が理解をして共に問題解決に取り組むことが必須である。そのような状況や実際の体験を、障害当事者団体の女性部会に所属する障害女性に説明をしてもらい、研修生が所属する団体においてどのように女性部会の設立を呼びかけ、障害男性に理解を促すかを研修生同士で意見交換し、模索する。以上のような段階を踏み、最終的には女性部会の設立方法を享受することが計画された。

実際の研修内容は、このDPIアジア太平洋事務局の障害女性たちが作成した研修案をもとに、APCDプロジェクトがタスクフォースを立ち上げ、リソースパーソンとなる多くの障害女性が主体となって、関連団体の障害男性、JICA専門家やAPCDのスタッフと共に立案された。最終的には、APCDプロジェクト側に提出した元の計画案は大幅に変更され、障害女性のみをターゲット層とした研修から、障害とジェンダーに関する研修となり、特にターゲット層を限定せず、広範囲に広げて募集をかけることになってしまった点は残念であった。

3. 研修の実施内容

本研修は「APCD Regional Training on Disability, Gender and Development（APCD地域研修：障害、ジェンダーと開発）」という名称に変更され、2009年3月2日から14日まで約2週間（実質研修期間は10日間）の日程で行われた。研修の目標は2点あり、第1に、アジア太平洋地域に居住する障害者がインクルーシブでバリアフリー、そして障害女性と障害男性の両者が平等なパートナーとなる権利ベースの社会を推進するための、障害者のリーダーシップやアドボカシーの技術を強化していこうとするようになること。第2に、研修参加

者が個人的にも組織にとっても挑戦である、ジェンダー平等を自助組織において推進することやその活動の行動計画を作成することである。研修の成果は3点で、第1に、研修生が他の研修生とジェンダー平等促進に関するグッドプラクティス（優れた取組み）の経験を共有すること。第2に、研修生がリーダーシップ、アドボカシーそして社会的な流動性に関する技術を強化すること。そして第3に、研修生が個人レベル及び組織レベルで、女性及び障害男性を平等に社会にインクルージョンすることを促進する行動計画を展開することである。

本研修のターゲット層は、各国の自助組織の代表者であり、かつジェンダー平等を在籍する組織の中で促進していくことに従事している者で、障害の有無、種類、性別の規定は設けられていない。これは女性・ジェンダーについての研修だからといって、障害女性のみを研修生とするのではなく、障害男性の参加も求めていたことを示している。実際の研修参加者（以下、研修生）は7カ国（カンボジア、ラオス、キルギス、マレーシア、フィリピン、ベトナム、タイ）から介助者及び通訳を含めて22名（男性5名、女性17名）であった。障害種別は、身体障害者13名、聴覚障害者5名、視覚障害者（弱視）1名で、身体障害者のうち車椅子利用者は3名であった。研修生及び介助者、通訳者はAPCDの研修センターの宿泊施設に滞在し、寝食を共にした。

本研修の日程の詳細は表10の通りである。障害平等研修[20]、そして自助組織の役割、ジェンダー平等の促進、リーダーシップ等の講義の8割以上は障害当事者によって行われた。本研修で講義をした障害当事者のリソースパーソンの多くはAPCDの元研修生であり、タイのみならず、ベトナムやフィリピンからも参加した。

本研修の特徴は以下の5点である。まず障害平等研修の中で、障害の捉え方が説明された。障害者個人の心身の機能的障害が障害と考える医療モデルではなく、心身機能に障害をもつ人のことを配慮せず、社会活動の主流から彼らを排除している不平等で差別的な社会の構造や制度、人々の態度が障害である、と考える障害の社会モデルへの意識改革が行われた。これは研修生の社会や自分の置かれている状況に対する気付きへと繋がる。

次に、ESCAPとの連携による、ESCAP主催の政府高官会議への参加である。本研修の内容と併せて、各国の政府高官から障害女性に対する自国の取組みが

表10：APCDジェンダー研修日程表

日付	午前	午後
3/2（月）	研修生バンコクに到着後、APCDへ	
3/3（火）	開会式、障害平等研修	障害平等研修
3/4（水）	ESCAPとの合同セミナー「障害分野の南南協力についての政府高官会合」 ・ESCAP「障害に関する国際・地域文書の実行に関する進捗状況と挑戦」について報告 ・各国のびわこミレニアムフレームワーク進捗状況に関して政府高官による報告（障害女性への対応に焦点を当てて） ブータン、カンボジア、ラオス、インドネシア、マレーシア、ミャンマー、パキスタン、フィリピン、タイ、ベトナム ・APCD「効果的な南南協力」についての報告	
3/5（木）	続ESCAP合同セミナー ・研修生より自国の「障害女性を国際協力に主流化させたグッドプラクティスについて」報告　カンボジア、ラオス、ベトナム、マレーシア、フィリピン、タイ、キルギス	・【講義】開発アジェンダに障害女性を主流化するには ・【講義】グッドプラクティスを導く主要な要因
3/6（金）	・【基調演説】「ジェンダー平等促進における自助組織の役割」 ・パネルディスカッション「障害女性に焦点を当てた社会的流動への障害の主流化」	・【グループディスカッション】「どのように自助組織でジェンダー平等を促進するか」 ・バンにてチョンブリ県へ移動
3/7（土）	・【講演】レデンプトリスト職業訓練校校長スポンタム氏より ・チョンブリの障害女性リーダーと研修生との経験共有	・タイの障害者の自宅訪問（3グループに分かれる） ・障害者宅にて質疑応答 ・夕方、APCDへ移動
3/8（日）	自習	
3/9（月）	・【講義】リーダーシップ技術について ・【講義】エンパワーメント技術について	【グループワーク】「プログラムデザインにおける障害女性の技術開発」
3/10（火）	・【講義】「効果的な意識変化」（ジェンダー平等に焦点を当てて）	・【講義】「効果的な意識変化に必要不可欠な技術」
3/11（水）	・【講義】「障害者の権利についての研究戦略」 ・【講義】「自助組織でのジェンダー平等の促進」	【グループディスカッション】グループごとにトピックを選択
3/12（木）	・行動計画の作成方法についての説明 ・行動計画作成（各国ごと）	・行動計画発表
3/13（金）	行動計画発表	閉会式、フェアウェルパーティー
3/14（土）	帰国	

出典：筆者作成

報告された。同時に研修生も所属する団体または自助組織での障害女性に対する取組みを発表する機会が与えられた。これは国の障害分野を担当する政府高

官と障害当事者が同じ会議に出席することにより、官民のネットワーク構築の第一歩となった。

第3に、APCDの元研修生がリソースパーソンとなり講義を行うことである。障害女性の元研修生が講師となり、障害分野におけるジェンダー平等について講義をすることで、彼女らの生き方が研修生のロールモデルとなり得る。元研修生がAPCDの研修終了後に自国に戻り、周囲の状況を変化させ、現在の立場を築き上げたことは研修生の目標となる。また、社会を変革していくために必要なことを具体的に提示[21]していくことができるため、研修生の意識変革に繋がる。

第4に、現地視察である。バンコク中心部から車で約2時間のところにある、パタヤー（チョンブリ県）のバリアフリー化されたショッピングモールや障害者の職業訓練校の視察を行った。同職業訓練校は宿泊施設も併設しており、バリアフリーである。バリアフリーとはどのような状態を指し、バリアフリーであることによっていかに選択の幅が広がるかという実体験をすることにより、物理的障壁がなくなることの重要性を認識することにつながった。また、同ショッピングモールがバリアフリーとなったのはチョンブリ県の障害者運動による成果であり、様々な政府レベル（国家レベル、県レベル等）に障害者自らが呼びかけることで社会が変化していくことや様々な政府レベルとの連携の必要性も理解できる機会となった。

第5に、成果の一つでもある行動計画の作成である。行動計画は、本研修で学び、意識変革されたことから、自国に戻り所属する自助組織で今後何を行っていくかを示す行動計画である。自国の状況を踏まえて自らが考え、そして発表することが研修生の自信となる。また自身の考えを研修生やリソースパーソンと共有することにより、新たな気付きも生まれる。

4. ジェンダーの視点から見た研修

本研修は、APCDプロジェクトで行う初めてのジェンダー研修という位置付けで行われた。ジェンダー研修は2011年にも実施され、それまで視覚障害や車いす利用者の障害女性の講師が主だったが、フェーズ2の柱である聴覚障害、知的障害の女性を講師として採用した初めての研修となった。ここで問題

となるのが、APCDプロジェクトが考える「ジェンダー平等とはなにか」という点である。セックス（sex）が女性と男性の生物学的な違いであるのに対し、ジェンダー（gender）は社会的につくられた性差である。国際協力においては「開発における女性（Women in Development）」から「ジェンダーと開発（Gender and Development）」に概念が変化した。開発における女性では、女性は開発過程から排除されているとの認識のもと、女性を対象とした特別なプロジェクトの実践によって女性を開発に統合することを目的とした。それに対しジェンダーと開発では、女性は開発過程から排除されているのではなく、不平等に組み込まれていると認識し、性差により不平等を生み出す開発政策・計画やプロジェクトという開発のありようを見直すことを目的としている（久野・中西 2004：118-122）。

このように、国際協力においてジェンダーの概念の変化が起こったのはそれなりの過程を踏んでいるからといえる。つまり、障害女性の問題は未だ国際協力において取り組まれていないため、開発における女性以前の状況である。そのため、2年連続して行われる本研修では、第1段階として「障害女性のみ」をターゲット層として、問題の所在を明らかにしていく必要があったといえる。障害女性の抱える問題の所在も不明確な状況で、ジェンダー平等を目指すのは非常に困難である。また、「ジェンダーとは何か」が理解できないまま研修を終了した研修生も多く、研修内容もジェンダー平等を目指した研修というよりは、障害女性を多く集めた障害者に対する研修のようなイメージが強い。国際協力の潮流に乗って先のステップを踏むよりも、土台は着実につくり上げていく必要がある。

このような反省をもとに、2010年3月8日から19日までの日程で行われた2回目のジェンダー研修では、障害平等研修や障害と開発を取り上げた後に、ジェンダーとは何か、障害女性の役割、組織への参加方法、組織におけるジェンダーバランス、ジェンダー平等の促進方法といった、障害女性及びジェンダーに特化した研修内容が増えるといった変化がみられた。

第3項　APCDプロジェクトの教訓から得た障害女性支援の一方法[22]

国際協力において障害女性に配慮をした支援を行っている援助機関は少数で

あるにもかかわらず、JICAのAPCDプロジェクトでジェンダー配慮が行われてきたことや、ジェンダー研修が2009年から2年連続して行われたのは、以下3点のAPCDプロジェクトの独自性に起因していると考えられる。

第1に、APCDプロジェクトでは障害者が主体となって事業が行われているため、事業の計画立案や、その後のフォローアップまで障害者の視点で実施されていることである。障害者の抱える問題を障害者が中心となって解決していくことで、それが障害者自身の力となり、やる気や自信に繋がる。つまり、APCDプロジェクトは障害者を「内発的にエンパワーすること」ができる事業体制を取っている。また障害者の視点で捉えることで、障害者だからこそわかりあえる問題が共有でき、自然と女性としての障害者のニーズも把握することが可能となる。その例がパキスタンの障害当事者団体の障害女性に対して行った自立生活のための研修である。

2005年10月に起きたパキスタン北西部の地震は、現地時間の午前9時頃に発生した。その時間帯は、男性は外へ働きに行き、女性は家の中で家事等を行っている時間であったため、家の中にいた女性たちが家屋の下敷きとなり、被災者の多くが女性であった。その女性たちは脊椎損傷や頸椎損傷などの障害を負ったために自由に動けなくなり、自分がこれまで日常的に行っていた家事ができなくなったことを知った女性たちは、今後の生活に絶望的な状態になっていた。パキスタンの地震の救援活動に行った障害当事者は、絶望的な状態になっている女性に対する支援の必要性を痛感した。そこでこの研修は、障害女性自身が新たに障害者となった女性のカウンセリングをすることで、生きる希望を見出していくことを狙ったものであった（国際協力機構2008：38）。この研修で重要な点は、震災直後に現地での支援を行った際には、特に障害女性をターゲットとはしていなかったが、現地で障害者自身が障害者に対する救援活動をしたことで、被災によって障害を負うことになった人々の多くが女性であり、彼女たちが今後の生活に対して不安を抱き、絶望的な状況に置かれていることを認識したことである。そして、その女性たちに対して、自立した生活を送っていくための研修を行う必要性を見出したのである。

APCDプロジェクトの独自性の2点目は、障害の社会モデルで事業を実施していることである。障害者主体で事業を実施し、内発的にエンパワーされた

障害者たちが、自らを取り巻く社会の差別的な構造、制度、そして人々の態度を変革していくことをAPCDが支援し、実際に社会が変革していくことが障害者の「外発的なエンパワー」につながる。つまり、障害女性の抱える問題が存在することに気付き、その問題解決には彼女らを取り巻く社会を変革していく必要があると考える、障害の社会モデルで事業を実施しているAPCDプロジェクトだからこそ、障害女性への配慮が可能になったのである。これまでJICAで行われてきた障害者支援の多くは、医療リハビリテーションなど、医療の専門家が主体となって障害者にサービスを提供することを目的とするものであった。医療リハビリテーションも重要な支援ではあるが、その支援においても、障害者を内発的にも外発的にもエンパワーすることに目を向けなければ、その目的の達成になり得ない。特に、文化的要因等も絡んで脆弱な存在である障害女性には、双方のエンパワーが目的達成に向かう重要な要素となる。

　第3に、APCDプロジェクトは障害当事者団体との連携が強く、特にDPIアジア太平洋事務局がバンコクにあることもあり、密接な情報共有等の関係を構築していたことである。DPIアジア太平洋事務局にはロールモデルとなりうる障害女性たちがおり、彼女たちの働きかけがAPCD事業においてジェンダー配慮を進めてこられた理由の一つといえる。また、DPIアジア太平洋事務局以外にもタイ国内に活動的な障害女性が多いことや、障害女性への配慮に賛同するリーダー的存在の障害男性がいたことも要因の一つとして考えられる。

　以上のように、APCDプロジェクトでは障害者が主体となって事業が実施され、そして事業の中でジェンダー配慮が行われてきたにもかかわらず、アジア太平洋地域の障害女性の置かれた状況はあまり変化しなかった。つまり、アジア太平洋地域の障害女性たちは、現在でも就学率が障害男性と比較しても格段に低く、自立した生活とは程遠い状況である。そして、各国政府は障害女性の人数や、障害の種別などの正確なデータも保持できない状態である。このような状況が問題であるとして、既存の研修におけるジェンダー配慮に加えて、これまでとは異なった方法で障害女性をエンパワーしていく必要があることを障害者自身が気づき、APCDプロジェクトとの連携によって障害女性に焦点を当てた研修を行う必要性を見出したことが、今回のジェンダー研修へとつながったのである。このように、障害者が主体となって事業を実施、障害の社会

モデルでの事業実施、そして障害当事者団体との強い連携をもつことによって、障害女性の抱えている新たな課題に気付き、障害女性支援の一方法を見出したことは、障害女性をエンパワーすることにつながる支援ができる可能性が高いといえよう。

注
1　国連総会決議 48/96.
2　ICIDH 及び ICF については序章を参照。なお、WHO の定義については WHO が 2001 年に出版した "International Classification of Functioning, Disability and Health" の日本語版である厚生労働省（2002）が詳しい。
3　ILO では障害者を「適切に認定された身体的、感覚的、知的または精神的損傷の結果として、適切な雇用の確保、復帰、維持、昇進の見込みが実質的に低減した個人」と定義している。これは「職場において障害をマネジメントするための実践綱領」において記されている定義であるが、第 159 条約で使われた定義を多少膨らませたものである（オレイリー 2007：92）。
4　ILO は ①仕事における基本的原則及び権利の促進、実現、②男女が人間的な雇用を確保できる機会の創出、③社会保護の範囲をすべての人々に広げ、その効果を高めること、④三者構成主義と社会対話の強化、という四つの戦略目標を掲げている。この四つの目標すべてにジェンダー主流することを掲げ、ILO の行う全プログラムで男女平等、女性の権利の確保は重要要素であるとしている。
5　グローバル・パートナーシップは、貧困の撲滅とミレニアム開発目標の達成のためには、障害者の国内並びに国際社会の発展のプロセスへの参加が不可欠との認識に立ち、意識の向上と理解の促進、多様なパートナーとの協力関係の強化を通して、障害をもつ人々の疎外と貧困化と闘うことを最大の目標に結成されたパートナーシップである（町田 2005：179）。
6　2005 年 6 月に USAID において制定された。
7　USAID (2005) から筆者翻訳。
8　1981 年に設立したアメリカの障害当事者団体。障害者へのエンパワーメント、情報・技術協力、研修事業、国際協力における障害者の統合を支援している。障害女性に関しては、障害女性の視点を国際的な女性運動や国際協力のアジェンダに導入することに焦点を当てている。
9　DFID ホームページ http://www.dfid.gov.uk/ 参照。
10　DFID DISABILITY Core Script http://www.dfid.gov.uk/Documents/diversity/disability-core-script.pdf 参照。

11 ツイントラック・アプローチとは、主にジェンダーの分野において取り組まれてきた方法で、開発という全体の枠組みにおいてジェンダーという視点を反映すること、つまり開発におけるすべての取組みにおいてジェンダーによる不平等・差別の撤廃と取り組むことと、女性のエンパワーメントにより焦点を当てた取組みを並列に行うアプローチのことである。障害分野がジェンダーと同様に国際協力における分野横断的課題として位置付けられるようになったことから、障害分野においてもこのツイントラック・アプローチの適応の有効性が議論されている(久野 2003:55)。
12 JICA では「障害者支援」という言葉が使用されているが、障害者支援という言葉を用いると、変わるべきは障害者であること(つまり障害の医学モデル)を暗に意味してしまう恐れがある。本書では障害の社会モデルのもとにしているため、JICA の公表している報告書や委員会の名称を除き、「障害分野の支援」という言葉を用いる。
13 JICA の障害者支援については、国際協力機構 2003a:21-50、木下 2003:148-158、越智 2008:18-21 を参照。
14 JICA が外部に出している障害者支援の課題別指針では、障害者の「メインストリーム」と記載されているが、本書では以下「主流化」という用語に統一する。
15 JICA ウェブサイト「人間の安全保障の実現」参照。
16 本プロジェクトは 2008 年 12 月から 3 年間のプロジェクトで、パキスタンのアボタバード県で行われている。パキスタンでは 2005 年 10 月に起きた大地震の影響で、脊椎損傷を負って下半身不随などの障害を負った女性が多い。JICA は大地震直後に災害復興支援を行っていることから、パキスタンでの障害者支援においてジェンダー配慮する必要性が見出された。そのため同プロジェクトの事前調査においてジェンダーの専門家が派遣され、ジェンダーに配慮した調査が行われ、実際のプロジェクトにおいてもジェンダー配慮を行うことが明記された。
17 ピア・カウンセリング(peer-counseling)とは、同等な立場の人同士、あるいは友人がカウンセリングに当たること。社会福祉では、当事者同士の相談・助言を言う。特に心身に障害や疾患をもち困難な状況から立ち直った人などが、同じ障害、疾患をもった人たちに自分の過去の経験をもとに相談・助言をすることを指す(成清編 2008:12)。
18 APCD プロジェクトでのジェンダー研修は、2007 年 11 月に DPI アジア太平洋事務局によって計画立案が行われた。最終的に DPI-AP が APCD プロジェクトにジェンダー研修の案を提出したのは 2008 年 4 月である。筆者は JICA 人間開発部社会保障課及び JICA タイ事務所、APCD プロジェクトそして DPI-AP の協力により、計画立案段階から携わり、2009 年 3 月の研修にもオブザーバーとして参加することができた。

19　APCD プロジェクトにおけるジェンダー配慮及び研修に関する事項は、現地調査による情報及び APCD プロジェクトの日本人専門家へのインタビューから得た情報である。
20　障害平等研修とは、障害者自身が障害理解を支援する方法である。同研修の目的は、社会の障壁・差別としての障害の理解を深め、実際にそれらの障壁を崩していくための方策を考えることである。身体機能障害の疑似体験ではなく、差別や偏見としての障害の理解を促し、かつ、それらに対抗している障害者の力量を認識し、非障害者である参加者が実際にどのように障害問題の解決に関わるかを考えることの支援をする（久野、中西 2004：206-207）。
21　本研修では、①誰にでも平等な権利があること、②他人任せにするのではなく自分自身が教育を受けること、③短期・長期目標を立てること、④共に取り組む仲間を見つけること、⑤自立生活を送るためには地域コミュニティとの取決めが必要であること、⑥市民組織とのネットワークとコラボレーションの必要性、⑦法政策における障害の主流化の必要性、といった個人、組織、そして社会において何が必要であるかをそれぞれの立場から提案している。その手段として、アドボカシースキルやロビーイング等のコミュニケーションスキルも講義された。
22　本項は長谷川 2009：333-334 に若干の修正を加えて引用。

第3章
障害者施策の動向

はじめに

　国際化が急速に進む現代社会において、解決すべき大きな問題の一つに「偏見」がある。偏見は、人間社会の様々な領域に存在し、それによって集団間の相互交流が妨げられたり、異なる集団におけるメンバー間の対立や葛藤が生じたりしている。またそれらの過激な形となって行動に至ったのが「差別」である（中村1996：67）。差別を生み出す構造は、まず人間の心の中にある。そして偏見や差別のもとになる考え方は人間の認知的発達の中で形成されるもので、誰にでもある共通の過ちである（久木田1998：60）。人間は物事をよく認識するためにカテゴリー化をする。最も基本的なカテゴリーとしては、自分を含む集団と含まない集団の区別である。自分を含む集団の人に対しては好意的な扱いをするのに対し、自分を含まない集団の人に対しては低い評価をしたり、ときには拒否的な扱いをしたりする（中村1996：69-70）。このような区別から少数民族や障害者といったマイノリティはこれまで区別され、差別されてきた。

　このような区別や差別は世界中にあると考えられる。差別を生み出す構造を変えていかない限り、区別されている人々の生活は変わらない。これらの構造を変革するためには、国際社会や各国の政策が必要である。

　その区別されているグループの一つとして、本書では障害者を取り上げる。障害者及び障害分野における施策を概説するとともに、障害者の中でも特に差別を受けている障害女性に対しても焦点を当てる。

　本章では、障害や障害者に対する政策の取組みについて、国際社会、アジア太平洋地域、日本の三つに分類して概説する。まず国際社会に関しては、国連や国連機関の取組みを中心に述べる。国連が障害分野に取り組むことは、地域間や各国の取組みに大きな影響を及ぼすことから、国連が初めて障害者に対する取組みを始めた、1971年の「精神薄弱者権利宣言」から2006年に採択された「障害者権利条約」までの歴史をまず論じ、次に第2節で、アジア太平洋地域における取組みを概説する。1992年に終了した「国連・障害者の十年」以降、国連ESCAPによって「アジア太平洋障害者の十年」が採択され、行動計画等が作成された。アジア太平洋地域は障害分野への取組みが早かったため、地域

内各国の法制度等の整備が進みつつある。続く第3節では、日本の障害分野の施策について述べる。日本は、国連を始めとした国際社会やアジア太平洋地域の取組みに影響を受けて、新たな法制度が構築されることが多い。日本政府は障害分野への取組みの表明は国際社会でしているものの、実際の法制度が整っているとは言い難い。経済的に発展している国として、またロールモデルとなる障害当事者が多く存在する国として、どのような施策が取られ、どのような課題が残っているのかを考察する。

　また第1節から第3節のそれぞれの障害分野の施策の中で、障害女性についての具体的な取組み方法や実際の状況を述べる。障害女性は聴覚障害者や知的障害者等のグループ化がなされず、具体的な対策が取られないことが多い。しかし、実際には障害女性固有の差別が存在することから、その対策が求められている。

第1節　障害者に対する国際社会の動向

第1項　障害者権利条約制定に至る背景

　1971年に「精神薄弱者権利宣言」、1975年に「障害者の権利宣言」が国連で採択され、これらの完全実施を促すために、1976年の国連総会で1981年を「国際障害者年」とすることが決定したことから、国際的に障害者に対する権利保護の機運が高まっていった。それまでも各国の政策に少なからず障害者政策が組み込まれていたが、それは障害種別に分けられた政策であったり、偏りのある政策であったりした。しかし、この国際障害者年の大きなテーマとして「完全参加と平等」が掲げられたことによって、各国の政策にも変化が見られるようになった。この「完全参加と平等」というスローガンは現在においても障害者政策のテーマとなっている。

　その後国連は1983年から1992年までの10年間を「国連・障害者の十年」とし、その概念を示した「障害者に関する世界行動計画」が1982年に採択された。この障害者に関する世界行動計画は、「障害予防」、「リハビリテーション」、「機会の均等」を基本概念としており、障害者があらゆる分野の「リハビリテーション」という名のもとに、生活を一生管理されるのではなく、自己管理や自

己決定をもつことを認めたものとして、重要な意義をもっている。また、1987年にスウェーデンで行われた国連・障害者の十年の中間年実施状況モニタリング会議においては、国連の専門家会議として初めて障害当事者の専門家が過半数を占めるといった成果もあがった（久野編 2004：44）。これはまさに、障害者の「完全参加」が実行されてきた証といえる。この会議において、障害者の差別撤廃条約の草案がイタリアから提出されたが、予算不足等の理由により否決された。後にこの案が強制力のないガイドラインとして、国連・障害者の十年の終了後、1993 年に行われた第 48 回国連総会において「障害者の機会均等化に関する基準規則（The Standard Rules on Equalization of Opportunities for Persons with Disabilities)[1]」として採択されることとなった（成清編 2008）。

国連・障害者の十年は、先進国で障害問題に対する法整備が行われるようになるといった一定の成果は上げられたものの、財政の厳しい途上国においては十分な成果が上げられなかった。このため、国連・障害者の十年の延長は行われないこととなった。そこで、アジア太平洋地域では、ESCAP が中心となって「アジア太平洋障害者の十年」が行われることとなった（前掲書；56）。このアジア太平洋障害者の十年を契機として、地域ごとに障害問題への取組みが行われ、2000 年からアフリカ障害者の十年、2004 年からアラブ障害者の十年、そして 2008 年からアメリカ（南米）障害者の十年が開始されている。

第 2 項　障害者権利条約の制定

国連・障害者の十年終了後、障害者に対する取組みは地域別に行われるようになり、その中でもアジア太平洋地域の取組みは目覚ましく、法的拘束力はないものの、「アジア太平洋障害者のためのインクルーシブで、バリアフリーな、かつ権利に基づく社会に向けての行動のためのびわこミレニアム・フレームワーク（Biwako Millennium Framework for Action: Towards an Inclusive, Barrier-Free and Rights-Based Society for Person with Disabilities in Asia and the Pacific）」を始めとするいくつかの行動綱領を決議した。これらの活発な取組みが功を奏して、「障害者権利条約」が採択されるに至ったといえよう。

2006 年 12 月に国連で採択された「障害者権利条約（Convention on the Rights of Person with Disabilities: CRPD)[2]」及びその「選択議定書」は、1975 年

に国連が障害者の権利宣言を行って以来、条約案が2度提案されていたものの否決されており、約30年かかって採択されたもので、障害者やその家族、そして障害者を支えてきた人々にとって待ちに待った条約であった。本条約は20カ国の批准によって発効することになっていたため、2008年5月3日にその条件が達成され、発効された。2015年1月現在、条約の署名国が159カ国、選択議定書の署名国が92カ国、条約の批准国が151カ国、そして選択議定書の批准国が85カ国となっている。[3] 日本政府は2007年9月28日に署名をし、2014年1月14日に141番目の批准国となった。

　障害者権利条約は子どもの権利条約や女子差別撤廃条約といった他の人権条約とは異なる特徴がいくつかある。その中でも特に留意したい点が、「国際協力」の必要性が条文の一つとして記されたことである。先にも述べたが、障害者の権利条約はそれまで2度提案されたが、時期尚早や財政上の理由、既存の人権条約で対応可能などの理由から合意が得られなかった。

　このような経緯がある中で、メキシコ政府が提案した障害者の権利条約の必要性に対して国連総会で合意が得られたのは、2001年9月11日にアメリカ合衆国で起きた同時多発テロの影響であった。反国際テロリズム色が濃厚な中で行われた国連総会の一般演説でメキシコ大統領は、国際テロリズムが世界の安定と経済開発に悪影響を及ぼしているとし、経済開発の遅れと貧困、排除がこうした国際的システムへの脅威をもたらしており、貧困と社会的排除に国際社会が優先的に取り組む必要性を呼びかけた（長瀬2008：100）。また貧困と社会的排除に国際社会が優先的に取り組むことがミレニアム開発目標の達成にもなると訴え、そして最後に、「最も脆弱な集団の排除を許容したまま、公正な世界の実現は望めないため、最も脆弱で排除されている集団の一つである障害者の社会的排除を取り除くために、メキシコは障害者の権利条約策定の提案をしたのだ」と締め括った。テロを撲滅する一手段として、テロの温床となっている貧困や社会的排除に対応するためには、国際協力全般の促進が重要であり、開発や排除を取り除く努力の一環として障害者の権利条約が必要であると呼びかけたのである（前掲書：100-101）。

　以上のような経緯から、障害者権利条約において第32条「国際協力」は非常に重要な条文であるといえる。本条約策定の特別委員会においても最も議論

された項目の一つであり、経済的な理由から福祉への取組みが難しい途上国政府にとっては特に、国際協力での障害者支援が必須である。たとえ第32条2項において「この条の規定は、この条約に基づく義務を履行する各締約国の義務に影響するものではない」と記され、先進国にとっては努力義務であり法的拘束力がなくても、条文の一つとしての存在は大きい。

また、もう一つの特徴として挙げられるのが障害者への差別の類型の一つとして「合理的配慮（reasonable accommodation）の欠如」が挙げられたことである。本条約の定義（第2条）によると、合理的配慮とは「特定の場合において必要とされる、障害のある人に対して他の者との平等を基礎として、すべての人権及び基本的自由を享有しまたは行使することを確保するための必要かつ適当な変更及び調整であって、不釣合いなまたは過度な負担を課さないものをいう」と定義づけられている。また同2条では障害に基づく差別(4)とは何かが定義されており、その差別の一つとして、「合理的配慮を行わないことも含む」と記されている。しかし日本においては、この「合理的配慮」という概念がこれまで存在しなかったため、どの程度が「過度な負担を課す」ものであるのか、またはどこまでが「合理的配慮」なのかという判断が課題である。

障害者権利条約が発効されたことは非常に重要な事柄であるが、各国が条約の批准をすることがゴールではないことを明記しておきたい。障害者権利条約の批准はあくまでもスタートに過ぎず、そこから始まる各国の社会変革が重要な事柄である。

第2節　障害女性(5)に対する取組み

第1項　障害者の機会均等化に関する基準規則

前項で詳述したように、障害者に対する施策は1975年の国連による障害者の権利宣言から国際社会を中心に行われてきている。しかし、多くの施策は障害者一般に対する施策であり、障害女性特有の問題に焦点を当てている施策は近年までなかったと言って過言ではない。

障害女性について初めて言及されたのは、1993年の国連・障害者の機会均等化に関する基準規則である。この「基準規則」の中では、序文の目的と内容(6)、

前文、規則4「支援サービス」、規則6「教育」、そして規則9「家庭生活と人間としての尊厳」という4カ所に記されている。序文の目的と内容では、「本規則は男女平等に社会の市民としての権利と義務を保障すること」、そして「特別な関心を向ける必要がある可能性のあるターゲット層」として挙げられている八つの層のうちの一つに「障害女性」が掲げられている。前文では、先に国連で採択された「女子差別撤廃条約が本規則においても前提となっている」と述べられており、本文では、その12ある規則の三つの規則の中で言及されている。

まず規則4「支援サービス」[7]では、リハビリテーションサービス計画において、政府が特別な必要性を考慮する対象となる層の一つに「少女」が記された。次に規則6「教育」では、第1に義務教育を実施している国では、障害の重軽度や「性別に関わらず」教育が提供されるべきであることという間接的な表現であるが、男性にも女性にも教育が提供される義務があることが記され、さらに第2に、特別な関心を示す必要がある層として「障害を持つ人、特に女性」が明記された。規則9「家庭生活と人間としての尊厳」[8]では、「障害女性も当然に結婚、妊娠、出産をする権利を有する存在であり、それらに対する現在の否定的態度をメディアのような媒体を利用して変革する必要がある」ことが記された。この女性の権利の問題は障害女性特有の問題で、非常に重要なことである。他の規則での記述に比べ、規則9では問題の対応策まで記されている点で評価できるといえよう。

第2項　障害者権利条約

前述のように、1975年に国連で障害者の権利宣言がなされてから30年がたちようやく採択された障害者権利条約は、障害者やその家族、障害者を取り巻く人々に大きな影響を与えた条約である。それまでも障害者の抱える問題を解決するために、国際的にも様々な公約が策定されたが、それらに法的拘束力はなく、その公約が実施されなくても障害者たちは訴える手段がなかった。つまり、障害者権利条約は障害者の権利を明記し、どのような状態が差別と見なされるかを記した非常に重要な条約である。その重要な条約の中の一つの条文として「障害女性」が規定されたことは、国際的に障害女性の抱える問題が認識

され始めていることを示している。

　障害者権利条約第6条第1項では、「締約国は、障害のある女性及び少女が複合的な差別を受けていることを認め、また、これに関しては、障害のある女性及び少女による全ての人権及び基本的自由の完全かつ平等な享有を確保するための措置をとる」としている。これは障害のある女子及び女性が障害者の中でも特に弱い立場にあり、女性であるがゆえの差別も受けている事実が国際社会でも認識されることによって、そのような差別や虐待から解放され、人権や自由が守られるような対応が必要であることを締約国に求めている。

　第2項では、「締約国は、この条約に定める人権及び基本的自由の行使及び享有を女性に保障することを目的として、女性の完全な発展、地位の向上及びエンパワーメントを確保するためのすべての適切な措置をとる」と規定している。つまり、単に虐待や差別から守るということだけでなく、障害のある女性たちが障害のある男性たち及び非障害者たちと同じように、自分自身のもっている力を引き出し、人間として向上し、発展していけるための環境づくり、条件づくりをするように、締約国に求めているのである（東編2007：36-37）。

　第16条「搾取、暴力及び虐待からの自由」では、虐待にジェンダーに基づくものが存在することを認めて、ジェンダーに対して敏感に対応する必要があること、つまり障害女性が性的暴力の対象になっていることを認め、締約国に対応を求めている。

　第25条「健康」においては、リハビリテーションを含む、健康に対するサービスをジェンダーに敏感に行うことを保障する必要があることが求められている。例えば、障害女性の介助は男性の介助者が行う「異性介助」ではなく、女性には女性の介助者が介助を行う「同性介助」を保障する必要があることなどである。もちろん、障害男性には男性の介助者を保障することも同様に必要であることを意味する。

　そして第28条「十分な生活水準及び社会保障」においては、社会保障計画や貧困削減計画に、障害者、特に女性や女子の障害者、障害のある高齢者のアクセスを確保することが必要であることが規定された。

　また、条文以外の部分においても女性及び女子の障害者やジェンダーに配慮する必要性が規定されている。前文では、障害女性が性的暴力などの危険にさ

らされていること、障害者の人権や基本的自由を完全に享有するためにはすべての分野においてジェンダーの視点を入れることが必要であることが強調されている。そして一般原則においても男女平等が規定されている。このように、障害者権利条約の各所に障害女性への配慮の必要性が明文化されているということは、国際的に障害女性に対して格別の配慮が必要であることを認識していることを意味している[9]。

また、障害者権利条約の大きな特徴は、障害者に対する支援が国際協力においても求められている点である。日本も2014年1月に障害者権利条約を批准したため、第32条に基づき国際協力の中で障害分野の支援が求められていくとともに、個別の支援のみならず国際協力全般の中で第6条等に基づいて障害女性への配慮が求められることになる。

第3節　アジア太平洋地域の障害者施策

第1項　アジア太平洋地域の障害者に対する取組みの変遷

国連をはじめとする国際機関での取組みのほかに、アジア、アフリカ、アラブ及び南アメリカといった地域ごとの障害分野に対する取組みが近年活発になっている。アジア太平洋地域は、障害問題の取組みが最も活発な地域であり、その取組みを支えているのがESCAPである。国連・障害者の十年の最終年である1992年に、ESCAP[10]第48回総会において、国連・障害者の十年を継続すべく「アジア太平洋障害者の十年(1993～2002)」をESCAPは独自に採択した(成清編2008：72)。

その行動計画である「アジア太平洋障害者の十年のための行動計画(Agenda for Action)」は、12の課題[11]とそれに基づくアジア太平洋ブロックの地域協力で構成されている。12の課題の内容は、世界行動計画の中で自明のことゆえに触れられていなかったこと（国内調整委員会の仕事としての行動計画の自国語への翻訳など）、アジア太平洋地域において特に必要であること（禁煙による健康推進を通しての障害原因の予防、障害女児や障害女性対象の識字教育など）、世界行動計画で掲げられているが再度行う必要のあること（障害者の自助団体への支援等）、そして電子機器へのアクセスといった、世界行動計画作

成時には存在しなかったことに分類される(12)。

　世界的な障害当事者団体である「障害者インターナショナル（Disabled Peoples' International：以下DPI)(13)」はこれらの課題を中心に10年計画を立て、さらに全体をカバーする課題として、地域のネットワークの必要性を強調した。また、障害当事者の声やNGOとの連携を重視し、「地域に根差したリハビリテーション（CBR)(14)」の拡大を目指すこととし、1993年には「アジア太平洋障害者の十年キャンペーン93第1回国際NGO会議・障害者の社会参加に関する沖縄会議」を沖縄で開催した。その決議として、アジア太平洋地域の民間団体でアジア太平洋障害者の十年を推進する目的で、「アジア太平洋障害者の十年推進NGO会議（Regional NGO Network for Promotion of the Asian Pacific Decade of Disabled Persons：以下RNN）」が1996年に設立された（前掲書：72）。RNNはマニラ、ジャカルタ等で毎年開催され、アジア太平洋障害者の十年を推進する役割を担った。このアジア太平洋障害者の十年を機に、「アフリカ障害者の十年」、「アラブ障害者の十年」、そして「アメリカ障害者の十年」が採択されるに至っている。

　アジア太平洋障害者の十年の推進を担ってきたRNN会合は、毎年アジア太平洋地域の各都市で行われてきた。2001年のハノイでのRNNキャンペーン会議では、2002年に終了するアジア太平洋障害者の十年を延長することを提案した。これを受けて、2002年の第58回ESCAP総会決議において第2次アジア太平洋障害者の十年として、2003年から2012年まで新たな「十年」の延長が宣言された。

　さらに同年11月のESCAPの協議において、アジア太平洋障害者の十年の総括及び、次の「十年」を位置付ける枠組みとなる「びわこミレニアム・フレームワーク」の検討と採択が行われた。びわこミレニアムフレームワークは「障害者のためのインクルーシブでバリアフリーな、かつ権利に基づく社会を達成するために、地域内各国政府や関係者による行動のための地域的宣言を提言する地域行動計画」である。また、びわこミレニアムフレームワークは「障害分野問題の関心がミレニアム開発目標及び関連の目標を達成する努力と不可分になるよう、それらの目標を明確に盛り込んでいる」とされている。

　びわこミレニアムフレームワークにおいて掲げられている優先的課題は、①

障害者の自助団体及び家族・親の団体、②障害女性、③早期発見・早期対処と教育、④自営を含む訓練と雇用、⑤各種建築物及び公共交通機関へのアクセス、⑥情報通信及び技術支援を含む、情報通信へのアクセス、⑦能力構築・社会保障及び持続的生計プログラムによる貧困緩和の七つであり、その具体的な目標と行動計画が定められた（図9参照）。また、障害者権利条約制定の促進、アジア太平洋障害者センターの支援、アフリカ障害者の十年との協力等を重点項目とした（UNESCAP2002：1-27）。

図 9：びわこミレニアムフレームワークの優先領域

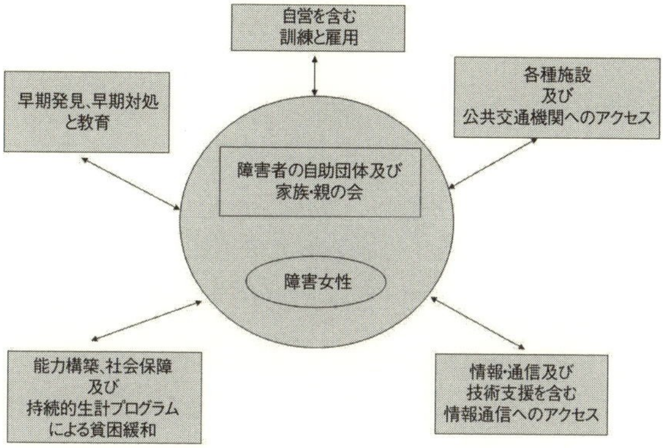

出典：UNESCAP（2002：4）

　第2次アジア太平洋障害者の十年の中間年に当たる2007年には、バンコクにおいて、中間評価に関するハイレベル政府間会合が開かれ、27カ国・地域の政府及び国連機関代表、そして障害NGO関係者など185名が集まった。政府間会合の主な目的は、第2次アジア太平洋障害者の十年の政策ガイドラインであるびわこミレニアムフレームワークの各国での取組み状況の評価や、後半5年間で取り組むべき具体的な戦略を立てることであった。前半5年間を振り返り、状況の変化や新たな課題を考慮した「びわこプラスファイブ（Biwako Plus Five）」を政府間会合最終日に採択した。このびわこプラスファイブはびわこミレニアムフレームワークを補完するもので、第2次アジア太平洋障害者の十年の後半5年間（2008年～2012年）の実施促進のための行動指針である。
　びわこミレニアムフレームワークとの具体的な変化としては、びわこミレニ

アムフレームワーク優先分野における目標達成のための行動目標を10追加し、びわこミレニアムフレームワークの四つの戦略を五つに再編すると共に具体的な戦略目標を25に増加している。また、びわこミレニアムフレームワーク及びびわこプラスファイブのレビューは第2次アジア太平洋障害者の十年最終年である2012年に実施されることとなった。このびわこプラスファイブが採択されたことによって、第2次アジア太平洋障害者の十年の後半5年間に各国が、インクルーシブな、バリアフリーで、権利に基づく社会づくりに強力に取り組むための政策ガイドラインが明確化されたことが、この政府間会合の成果である（松井2007：42-44）。

　第2次アジア太平洋障害者の十年自体は、障害者権利条約の採択に各国が力を注いだため、あまり効果は出なかったといえる。アジア太平洋地域としての成果は乏しかったが、障害者権利条約は採択されたため、国際社会の取組みとしては大きな成果が出たといえよう。

　2012年の第2次アジア太平洋障害者の十年最終年を前に、目標であった「インクルーシブでバリアフリーな社会」の達成には程遠い状況であったため、ESCAPやアジア太平洋地域の障害当事者団体では、障害者権利条約の実行を目的とした「新たな十年」の実施に向けて取組みを進めた。2010年10月19日から21日の3日間、タイ・バンコクでESCAP社会開発委員会第2会期が開催され、障害者の権利条約を広くアジア太平洋地域内で普及するために「Make the Right Real（権利を現実に）」というスローガンのもと、2013年からのアジア太平洋地域における次の「十年」の実施を盛り込んだ報告書をESCAP総会に提出した。そして、2012年10月29日から11月2日まで韓国の仁川において行われたESCAPハイレベル政府間会合において、2013年から始まる「新しいアジア太平洋障害者の十年（以下、「新十年」）」が採択された。この「新十年」は、1993年から2002年まで行われた「アジア太平洋障害者の十年」、それに引き続き2003年から2012年まで行われた「第2次アジア太平洋障害者の十年」に続く「第3次」の「十年」ではなく、障害者権利条約を実施していく「新しい十年」として位置付けられている（島野2013：1）。ハイレベル会合に出席した加盟国政府は、「アジア太平洋障害者の十年（2003-2012）に関する閣僚宣言」及び「アジア太平洋障害者の『権利を実現する』インチョ

ン戦略（以下、「インチョン戦略」: Incheon Strategy to "Make the Right Real for Persons with Disabilities in Asia Pacific")」を採択した。

アジア太平洋地域は他の地域よりも障害分野への取組みが比較的進んでいるが、今後も継続した取組みが必要であり、ASEAN地域における障害者の十年や障害者に対する差別行為を審査する人権審査機関の設置の立ち上げなどの計画も立てられている。

第2項　びわこミレニアムフレームワーク及びびわこプラスファイブにおける障害女性への認識

2002年にESCAP総会でびわこミレニアムフレームワークが採択され、初めて障害女性への配慮の必要性と具体的な方策が公に明示された。びわこミレニアムフレームワークにおける障害女性への視点は、びわこミレニアムフレームワークの原則と政策方針の中で、ジェンダー主流化への障害女性の参加に加えて、障害当事者団体においても障害女性の参加に重点を置くことである。それらを支援するとともに、国の政策決定過程においても障害女性を含めて実施していくことが規定されている。さらに、域内政府の優先的政策領域の一つとして障害女性が明記されている。この優先的政策領域は、アジア太平洋障害者の十年（1993-2002年）の実施期間中には十分な進展が見られず、行動が遅れたと認識された領域を指している。つまり、アジア太平洋障害者の十年終了時（2002年）には障害女性の置かれている立場が改善されていない状況であり、政府が取り組むべき課題の一つとして認識されていたことになる。それぞれの優先領域の計画実施に向けて、重要課題、びわこミレニアムフレームワークの目標及び目標達成のために求められる行動が記されている。

障害女性の重要課題は、障害女性が幾重にも不利であり、貧困層にもその数が多く、障害男性よりも家庭内において差別され社会的・地域的活動にも阻害されていることなど、障害女性が受けている差別の実態が述べられている。さらに、非障害者の女性の活躍により効果の上がったジェンダー主流化の運動は、障害女性の運動にはほとんど影響を及ぼしていない事実が述べられ、政府が障害女性に対して必要な支援サービスを提供し、発展の主流への完全参加を促進する責任をもつとしている。

びわこミレニアムフレームワークにおける障害女性への目標は以下のように、三つ掲げられている（政府公式訳[16]）。
1．政府は、2005年までに、障害女性の権利を守る、適切な反差別施策を確保する。
2．各国の障害者自助団体は、2005年までに、組織の管理、組織的訓練、広報活動を含めた団体の活動への、障害女性の完全参加と平等な代表を促進する方針を採用する。
3．障害女性を、2005年までに、それぞれの国の一般の女性団体に含む。

　この三つの目標を達成するために求められる行動として12項目[17]が掲げられている。この12項目は、政府が障害女性に対して行うべきこと、NGOや障害当事者団体が障害女性に対して行うべきこと、障害女性自身が行うべきこと、そして非障害者の女性や女性団体が障害女性に対して行うべきことが明記されている。

　再編されたびわこプラスファイブでは、びわこミレニアムフレームワークの優先的行動分野における行動に関して、行動内容が追加され、障害女性に対しては新たに3点が追加された。第1にジェンダーの視点を障害関連の政策、計画及び法制に含むこと。第2に障害のある女性の視点を、ジェンダー関連の政策、計画及び法制に含むこと。第3に障害のある女性及び障害のある女性の組織が、ジェンダー関連及び障害関連の両者の政策、プログラム、計画及び法制の策定プロセスへ参加することである。

　具体的な内容として、以下の3点が挙げられている。①政府は、障害女性へのリーダー管理者研修を通じて、経済的、社会的及び政治的エンパワーメントを支援すべきであり、結婚、妊娠、出産及び性的関係に関する事項などの障害女性が受ける差別に対する取組みを行う必要がある。②障害当事者団体は、障害女性のニーズを考慮して組織の運営を見直し、彼女たちのエンパワーメントを支援する必要がある。③障害女性の自助団体、地域に根差した開発団体やあらゆるレベルの政府と連携して、隔離された地域の女性及び少女の問題に敏感になり、地域に根差したプロセスを通してその問題に取り組むべきである。

第3項　インチョン戦略における障害女性への認識

　びわこミレニアムフレームワーク及びびわこプラスファイブに引き続き、インチョン戦略でも障害女性への視点が明記されている。インチョン戦略は、アジア太平洋地域及び世界に対して地域で合意に至った、障害インクルーシブな一連の開発目標を初めて提示するものである。[18]第2次アジア太平洋障害者の十年の最終年である2012年を見据えて、その2年前の2010年からCSO（Civil Society Organization）と呼ばれる市民社会団体と加盟国政府やESCAPが公式にも非公式にも数多くの議論を交えて練り上げた指標であり、アジア太平洋地域で合意に至った重要な戦略である。障害女性への視点が多くなったというよりは、障害女性を含む全ての見落とされがちな立場の障害者も対象にしていることの具体例を多く挙げることでカバーしている印象である。

　インチョン戦略は障害者権利条約の原則に基づくものであるため、原則の一つである「男女平等」が「B. 主要な原則及び政策の方向性」に記載されている。続く政策の方向性の中でも、「開発政策およびプログラムは、障害インクルーシブでジェンダー（男女平等）に配慮したものとし……（7-b）」、「男女別データを効果的かつすみやかに収集、分析する（7-d）」、そしてエンパワーメントされるべき多様な障害者グループの例として「障害のある少年・少女、障害のある女性、家庭内暴力の被害者である障害者（特に女性・子ども）（7-l）」と具体的に記されている。インチョン戦略の具体的な目標やターゲットを記す前段階でしっかりと障害女性が組み込まれていることは、障害女性への取組みが重要視されていることを示しているといえよう。具体的な10の目標と27のターゲット、そして62の指標からできている。その中で障害女性に関する記載は以下の通りである。

　まず、10の目標の一つにジェンダー平等と女性のエンパワーメントが掲げられたのは非常に大きなことであり、引き続き障害女性へ焦点を当てた政策が必要であると考えられていることがわかる。目標6「性（ジェンダー）の平等と女性のエンパワーメントを保障すること」では、障害女性が重複した差別や虐待を受けている存在であり、多様な形態の搾取や暴力にさらされやすい。

　この「新十年」では、障害女性及び障害のある少女が国際協力において主体

となることが達成されて初めて権利が実現されたということができる、とされている。この目標6には四つのターゲットがあり、さらにそれらのターゲットの進捗状況を確認するための指標が五つある。

　四つのターゲットとは、「A. 障害女性および少女が主流となる開発の機会に平等にアクセスできるようにする」、「B. 政府の政策決定機関において障害女性の代表が参加することを保障する」、「C. 障害女性および少女が、障害のない少女および女性と同様に、性や生殖に関する保健サービスにアクセスできるように保障する」、「D. 障害女性および少女をあらゆる形態の暴力および虐待から守るための対策を増大させる」である。これらのターゲットの指標として五つの項目が掲げられた。それは国会議席の女性の割合といったこれまでも他の文書でも求められてきた数値に加え、暴力や虐待を受けた障害女性のケアや支援を提供するプログラム数、障害のない女性と比較して性や生殖に関する政府及び市民社会の保健サービスにアクセスする障害女性の割合など、障害女性が生きていく上で必要となるものの具体的な数値を求めている。

　その他では二つの目標の中に障害女性が明記されている。まず、目標2「政治プロセスおよび政策決定への参加を促進すること」の具体的な説明の中に、「多様な障害者グループがあらゆるレベルで政治プロセスおよび政策決定に参加できるように……」と記されている「多様な障害者グループ」の例として「障害のある女性」と明記されている。目標2の「進捗状況を確認するための指標」の「主要な指標」の三つ目には、「2.3　性の平等および女性のエンパワーメントを目的とする国の女性機構に参加する、障害のある女性の割合」という目標達成の指標の一つに位置付けられた。

　次に、目標8「障害に関するデータの信頼性および比較可能性を向上させること」の三つある指標の一つ目「国際生活機能分類（ICF）を基盤とする、年齢、性別および社会的・経済的地位による障害者の比率」に、「障害女性」という言葉は入らなかったものの、「性別」という言葉が入った。さらに三つ目の指標には、「保健、ならびに性および生殖に関する保健プログラムを含め、主流となる開発プログラムおよび政府サービスを受ける、障害のある少女および女性に関する個別のデータの有無」という具体的に障害女性のデータが求められたことも、障害女性への支援の重要性を示しているといえよう。

表11：アジア太平洋地域の障害者政策の状況[19]

	定義		法制度			障害者権利条約	
	障害	障害者	包括的な障害者法	差別禁止法	国家計画	署名／批准	批准日
日本	○	○	○ 1970、2004改正	○ 2013	○	○／○	14.01.20
中国		○	○ 1990、2006改正		○	○／○	08.08.01
韓国	○	○	○ 1989、2007	○ 2007		○／○	08.12.11
モンゴル	○	○	○		○	×／○	09.05.13
インドネシア		○	○ 1997		○	○／○	11.11.30
カンボジア		○	○ 2006		○	○／×	
シンガポール	○	○			○	×／×	
タイ	○	○	○ 2007		○	○／○	08.07.29
フィリピン	○	○	○ 1991	○	○	○／○	08.04.15
ブルネイ						○／×	
ベトナム		○	○ 1998		○	○／×	
東ティモール						×／×	
マレーシア		○	○ 2008		○	○／○	10.07.19
ミャンマー	○					×／○	11.12.07
ラオス		○	○		○	○／○	09.09.25
バングラディシュ	○	○	○ 2001		○	○／○	07.11.30
ブータン	○				○	○／×	
インド	○	○	○ 1995	○	○	○／○	
イラン						×／○	09.10.23
モルディブ						○／○	10.04.05
ネパール	○	○	○ 1982		○	○／○	10.05.07
パキスタン	○	○	○		○	○／○	11.07.05
スリランカ		○	○ 1996		○	○／×	
オーストラリア	○	○		○ 1992	○	○／○	08.07.17
ニュージーランド	○				○	○／○	08.09.25
フィジー	○				○	○／×	
キリバス	○					×／×	
マーシャル諸島						×／×	
ミクロネシア						○／×	
パラオ共和国						○／×	
パプアニューギニア	○	○			○	○／×	
ソロモン諸島					○	○／×	
トンガ						○／×	
ツバル						×／×	
バヌアツ						○／○	08.10.23

出典：ESCAP（2012）、UNEnable ウェブページをもとに著者作成

第4節　日本の障害者施策

第1項　日本の障害者施策の歴史変遷——第2次大戦前から国際障害者年まで

　日本の障害者政策の歴史[20]は第2次世界大戦前から始まっているが、第2次世界大戦以前は障害者に対する個別の政策は存在せず、生活困窮者に対する施策に障害者も対象として含まれていた。しかし実際は対象が厳しく限定されており、救済された障害者はわずかであった。その一方で、障害者とは別に、傷痍軍人に対する政策は進んでいた。戦争で傷病を負った軍人である傷痍軍人は、日本の富国強兵政策を支える事業として、医療、補装具の開発・支給、職業訓練、生活保障など多くの対策が実施された[21]。

　1945年の第2次世界大戦終戦時の日本は、食糧や物資の不足、物価の高騰などによって生活困窮者が激増した。こうした貧困問題に対しては、1945年「生活困窮者緊急生活扶助要綱」、1946年「旧生活保護法」に基づいた対策が実施されたが、障害者に対する特別な法律等の制定はなかった（成清2008：34-35）。

　日本の障害者福祉は、1947年に「児童福祉法」が成立したことで始まり、障害児に対する対策が実施されることとなった。障害者に対する対策は、1949年に「身体障害者福祉法」が成立し、18歳以上の身体障害者が対象となった。この身体障害者福祉法は日本の障害者福祉としての初めての法律であり、救貧対策と障害者対策が分離されたという点などで、画期的な意義を有している。この身体障害者福祉法制定時の法律の目的は、障害者の「更生」であった。更生とは、リハビリテーションの当時の日本語訳と言われている。ここでのリハビリテーションの意味は、身体機能の回復訓練、就労のための職業訓練という狭義の意味で捉えられていた。

　第2次大戦後から1970年頃までの日本の障害者福祉施策の特徴は、施設収容を中心にした施設化政策と障害種別に応じた福祉施策であった。1970年には「心身障害者福祉法」（現・障害者基本法）が制定され、施設機能の強化と同時に在宅福祉の充実も含めた総合的な福祉政策が推進されていくこととなった。

第2項　日本の障害者施策の歴史変遷——国際障害者年から現在まで

　日本の障害者政策の転換点と考えられているのが、1981年の国際障害者年

である。この国際障害者年は1975年に採択した「障害者の権利宣言」の趣旨に沿った具体的な取組みを促すキャンペーンとして決議された。また、このような取組みを継続させるべく、先述のように1983年からの10年間を「国連・障害者の十年」として、各国に障害者施策を継続して取り組むことを要請した（前掲書：36）。日本においても、国際障害者年と国連・障害者の十年を契機として、国際障害者年のスローガンである「完全参加と平等」に対応した文言を法の条文に入れることや、ノーマライゼーションの考え方が普及していくこととなり、施設福祉中心の施策から地域福祉への施策へと転換が図られるようになった（内閣府編2008）。1982年には「障害者対策に関する長期計画」が策定され、1983年度から実施された。この長期計画は障害者福祉施策について総合的な推進を図る内容であった。その一方で、福祉予算の削減も行われ、受益者負担が導入・強化された。障害者の所得保障政策は、国民年金法が1986年に改正されることに伴い、障害者基礎年金制度が創設され、障害者の所得保障が前進することとなった。

国連・障害者の十年での努力を継続、発展させていくことを目指して、先述のように1992年にESCAPにおいて1993年からの10年間をアジア太平洋障害者の十年とすることが決議され、障害者に関する世界行動計画の目標達成が目指された。共同提案国である日本政府は、1993年に「障害者対策に関する新長期政策」を策定した。また都道府県・政令指定都市でも障害者対策の見直し作業が進められ、同年に「心身障害者対策基本法」を改正した「障害者基本法」が2000年に成立した（成清編2008：37、内閣府編2008）。障害者基本法では、大きな改正点がいくつかあげられる。基本理念に「自立と社会参加」を明文化したこと、障害者の定義に精神障害を位置付けたこと、「障害者の日」（12月9日）を定めたこと、そして障害者基本計画の策定を義務付けたことである。また障害者計画と講じた施策を報告することが義務付けられ、『障害者白書』が公表されることになった。

障害者基本法の制定によって、個別の法律の見直しや一貫した総合的な障害者福祉施策の推進が求められるようになった。1993年に「身体障害者の利便の増進に資する通信・放送身体障害者利用円滑化事業の推進に関する法律」が制定され、1994年には「高齢者・身体障害者等が円滑に利用できる特定建築

物の建築の促進に関する法律」(通称「ハートビル法」) が制定された。また障害者基本法では「障害者対策に関する新長期計画」が障害者基本計画と見なされたが、同計画を具現化するための重点施策実施計画として、1995年に「障害者プラン～ノーマライゼーション7か年戦略」が策定された。この戦略では、具体的な数値目標を掲げることにより、保健福祉施策の強力かつ計画的な推進を図ったこと、横断的、総合的な施策の推進を図ったことなどが特色であり、ノーマライゼーション[22]とリハビリテーションを基本理念としている(成清編 2008：36-37)。

障害者プラン～ノーマライゼーション7か年戦略の最終年度である2002年には「障害者基本計画」が策定され、2003年から2012年までの10年間に取り組むべき障害者福祉の基本的方向が定められた。この障害者基本計画の前半5年間を「新障害者プラン」として、重点的に実施する施策及びその数値目標、計画の推進方策などが策定された。また同年には「身体障害者補助犬法」が制定された(成清編 2008：37、内閣府編 2008：10)。

1990年代後半から2000年代前半にかけて、日本の社会福祉分野では「措置から契約へ」という言葉に表される社会福祉基礎構造改革[23]が進められた。まず2000年に高齢者福祉の領域である介護保険法が施行され、障害者分野では2003年に「支援費制度」が施行された。それまで福祉サービスの提供は「措置方式」と呼ばれる方法で、市町村等が行政処分によって福祉サービスの提供の有無やサービス内容を決定し、サービスの提供は社会福祉法人などの提供者に委託する方法であった。そのため、ホームヘルプサービスの派遣時間が17時までに限られているなど、特に重度障害者にとっては使いづらい制度であった。これに対して支援費制度のもと導入された「契約方式」は、サービス利用者がサービス提供者を選んで直接契約をし、利用するサービスを決定する方法であるため、精神障害者が対象に入っていないといった諸々の問題はあるものの、利用者が事業者を選択できるようになったことから、契約によりどの時間帯にでも派遣してもらえるようになった。また扶養の要件から親やきょうだいが抜けたことにより、親と同居していた知的障害者の移動介護利用が全国的に増加した。しかし、サービスの利用者が政府の想定以上に増加したため、初年度から補正予算を組まなければならなくなり、支援費制度は施行から1年半で

原則1割の応益負担を伴う「障害者自立支援法」に移行された。

精神障害者対策としては、1950年に「精神衛生法」(現・精神保健及び精神障害者福祉に関する法律)が制定され、予防対策として精神病院設置の義務付けや、国民の精神的健康の保持・向上を目的とした施策が実施された。ただ、精神障害者は主として医療保護の対象とされるなど、福祉的対応が必要であるとは認識されていなかった(成清2008：35)。1984年に発覚した「宇都宮病院事件」によって、国連人権小委員会が国際法律家委員会(International Commission of Jurists)に日本の精神障害者に対する人権侵害の事実調査を依頼し、国際法律家委員会と国際医療従事者委員会の合同調査結果に基づいて日本政府に「結論と勧告」が提示された。この外圧によって、精神障害者の人権擁護と社会復帰促進を柱とした「精神保健法」が1987年に制定され、ようやく長期入院といった隔離収容主義からの変革の一歩を踏み出した(川村、米山2005：112)。その後、1995年に「精神保健及び精神障害者福祉に関する法律(精神保健福祉法)」へ改正された。2005年に閣議決定され、2006年から施行が始まった障害者自立支援法で、「障害の種別(身体、知的、精神)に関わらず、障害者の自立支援を目的とした共通の福祉サービスの提供」することが掲げられたことで、一律のサービス体系となった。

知的障害者対策としては、生活保護法の救護施設や精神薄弱児(知的障害児)施設の年齢延長で対応されていたが、1952年に結成された知的障害者の親の会である、全日本精神薄弱者育成会(現・全国手をつなぐ育成会連合会)の運動等の影響により、1960年に「精神薄弱者福祉法」(現・知的障害者福祉法)が制定され、18歳以上の知的障害者を対象として施策が行われるようになった。同法では、身体障害者福祉法で対象を除外されていた重度障害者の保護も目的としていた(川村・米山2005：94)。

1960年には、身体障害者の就労支援をするための「身体障害者雇用促進法」が制定され、国、地方公共団体、一般雇用主に身体障害者の雇用義務が示されたが、法的義務ではないことや知的障害者が対象から除外されていたこともあり、十分な効果は得られなかった。1976年に同法は雇用義務が努力義務から法的義務となり、1987年には精神薄弱者(現・知的障害者)が対象となり、1997年から正式に法的義務化された。精神障害者については、2006年に対象

となり、2013年の法改正で法定義務化されたが、施行は2016年であるため実際にはまだ始まっていない状況である。

　2005年には障害者自立支援法が成立し、2006年から段階的に施行されるようになった。支援費制度と比較して、第1に障害者の福祉サービスを一元化した。サービス提供主体を市町村に一元化し、障害の種類（身体・知的・精神）に関わらず障害者の自立支援を目的としたサービスの提供が掲げられた。第2に、支給決定プロセスの透明化が求められた。これは支援費制度で大幅に予算不足になり、「支給決定が公平に行われているのか」という声に対しての対応である。この支給決定プロセスの透明化のために、①ケアマネジメント制度の導入、②認定審査会による支給量の決定、③サービス共通の尺度、という三つの方策が取られることになった。第3に、利用者負担の見直しが行われ、応能負担から応益負担となり、医療費の自己負担が5％から10％の負担率になった。第4に、サービス体系の見直しが行われた。重度の障害者ほどサービスが必要になるが、この法律はサービスを受けるとその分を応益負担として支払わなければならず、支払いができないためサービスが受けられなくなるという状態が起き、施行当初から支援費制度を利用していた障害当事者からの批判が相次いでいた。

　2004年には障害者基本法が大幅に改正された。都道府県や市町村の「障害者基本計画」策定の義務化、そして基本的理念（第3条）の第3項に「障害を理由とした差別やその他権利利益の侵害行為の禁止」が規定されたこと、障害者の日を障害者週間（毎年12月3日〜9日）へ改正したことが主な改正点である。この改正には、国際的に障害者差別禁止法を制定する国が増加しているという社会情勢が背景にある。

　日本の障害者福祉政策は貧困政策の一部や傷痍軍人に対する施策から始まり、国際社会の情勢に影響されて障害者の定義に発達障害と難病が含まれるようになるなど近年整備がされてきているものの、未だに身体障害、知的障害、精神障害の3障害しか障害者手帳が交付されていないこと、障害種別でしか障害者を定義していないこと、そして制度によって定義の異なる知的障害者の問題等といった解決すべき課題が多い状況である。特に制度の谷間にいる障害や難病の人々は上記3障害の手帳に当てはめなければサービスを受け入れられない状

況である。例えば、高次脳機能障害や広汎性発達障害は精神障害に、難病は身体障害というように当てはめられてしまい、そこから漏れる人は実際に必要なサービスを受けられない問題が生じている。

前述のとおり、2006年12月に国連で採択された障害者権利条約は、2015年1月現在、批准国は151カ国に達している[24]。日本は2007年9月に署名をし、2014年1月に141番目の加盟国として批准に至った。署名から批准までに時間を要したのは、障害者に対する国内の法政策が整っておらず、法制度の整備を後回しにする状態での批准に障害者団体が反対したためである。

2009年12月には政権交代した民主党政権のもとで、障害者権利条約の批准に向けた障害者に係る国内法整備の集中的な改革を行うために、「障がい者制度改革推進本部」[25]の設置が閣議決定された。当面5年間を障害者制度改革の集中期間と位置付け、改革推進に関する総合調整や、基本的な方針案の作成及び推進、「障害」の表記に関する検討、障害の定義などの検討が行われた。障がい者制度改革推進本部は改革のエンジン部隊として、障害当事者、家族、障害者の福祉に関する事業に従事する者や学識経験者等から構成される「障がい者制度改革推進会議（以下、推進会議）」[26]を設置し、推進会議において障害者権利条約の批准に必要な国内法の整備を目的に政策立案が審議されることとなった。推進会議の構成員は25名のうち14名が障害当事者やその家族で占められ、障害当事者がかねてから求めていた「私たち抜きに私たちのことを決めないで！（Nothing about us, without us!)」というスローガン[27]が実現した初めての検討会となった。

推進会議は2010年には29回開催され、障害者基本法の改正に向けた議論が行われた。2010年6月に障害者制度改革の推進のための基本的方向を示す「第1次意見」が出され、さらに同年12月には「第2次意見」が提出され、紆余曲折があったものの2011年7月に障害者基本法改正案が成立した。さらに障害者自立支援法を廃止し、新たな法律を制定するための課題別専門部会である「総合福祉部会」も2010年4月に設置された。しかし総合福祉部会のとりまとめた「骨格提言」は実質ほとんどもり込まれず、2010年12月に強行的に成立した「改正障害者自立支援法」を引きついだ形で、2012年6月に障害者総合支援法が成立した。さらに、推進会議では総合福祉部会の動きと同時に障害者

差別禁止法の制定に向けても議論を行い、2010年11月の第25回推進会議において「差別禁止部会」が設置され、2012年7月からは障害者政策委員会のもと、差別禁止部会が再始動し、同年9月に差別禁止部会意見がまとまった。この後民主党から自民・公明党への政権交代により差別禁止法の成立が危ぶまれたが、部会意見からは後退したものの、2013年6月、国会で「障害を理由とする差別の解消の推進に関する法律（いわゆる障害者差別解消法）」という名称で成立した（施行は一部の附則を除き、2016年4月1日。）。

第3項　日本の障害女性

日本ではこれまで障害種別での法制定や、アクセシビリティに関する法律等が整えられてきたが、びわこミレニアムフレームワークやインチョン戦略、障害者権利条約の中で特別に配慮すべき層として取り上げられている障害女性への取組みは皆無と言っていい状況である。

日本国内での障害女性に対する先行研究は大きく2点に分類できる。それは、①優生思想に関する研究と、②障害女性のもつ、性と生殖に関する健康・権利に関する研究であるが、優生思想と性と生殖に関する健康・権利は密接に関係している。障害分野においてもこれまで障害女性に対しての政策は限られており、また女性（ジェンダー）分野においても障害女性の政策は皆無に等しい。さらに障害女性が求めている権利は非障害者の女性と異なる部分もあるため、対立関係になってしまうことすらある。女性（ジェンダー）問題の一つとして障害女性の抱える問題を非障害者の女性と共に求めていけるようになることが望ましい。

まず、優生思想に関する研究である。優生保護法は1948年に成立し施行された法律で、1996年に母体保護法へ改正されるまで存在していた。日本では、刑法に堕胎罪があるため、人工妊娠中絶は基本的に禁止されている。日本政府は1945年に第2次世界大戦に敗れるまで、兵力増加のために人口増加を政策としていたことから、堕胎罪が厳しく適用された。しかし敗戦後は、食料危機や住宅難などもあって人口抑制へと政策転換し、戦前の国民優生法（断種法）を土台として中絶を許す法律がつくられた。それが優生保護法である。この法律の目的は、「優生上の見地から不良な子孫の出生を防止するとともに、母性

の生命健康を保護すること(第1条)」と記載されているとおり、「不良な子孫の出生防止」(優生政策)と「母性の生命健康の保護」(名目上は中絶を許可しているが実際には人口抑制が目的)である[30]。ここで言う「不良な子孫」に該当するのは、遺伝性疾患がある者、重度の障害者、ハンセン病者である。国民優生法では遺伝性のある疾患に限られていた対象が、ハンセン病や遺伝性のない精神病も対象とされた。これらの人々が子を持つことができないように、強制不妊手術をすることが可能であると定められ、優生政策が強化された。

　優生保護法によって、堕胎罪に問われることなく一定の条件の中で中絶が可能になったことは重要であるが、規制緩和になったにすぎず合法化になったとは言いがたい状況であり、女性の権利の確立はされていない。また優生学的観点からは、生命に優劣をつける考え方であり、さらに障害者の生殖の権利を奪うことになり不当な法律であることから、障害者団体から長い間批判を受けていた。特に障害女性たちは、月経時の介助軽減を目的とした子宮摘出などの違法な強制不妊手術の禁止を求めて運動を行っていた。それは、優生保護法の中で認められている優生手術の中に規定されていないにもかかわらず、不妊手術の強制が認められていたことから、法律上規定されていない子宮摘出手術も黙認されていたためである。

　2012年5月11日に内閣府で行われた第18回障がい者制度改革推進会議差別禁止部会のヒアリングの際に、DPI女性障害者ネットワークが提出した資料[31]によると、「優生保護法第2章第4条と第12条にもとづいて1949年−1996年に、本人の同意なしに医師の申請によって行われた優生手術の件数のうち、全体の約7割が女性であり、第12条(任意の人工妊娠中絶)にもとづく場合は8割以上が女性」である。

　さらに1972年には、「中絶を認める経済的理由の削除」と「胎児の障害を理由とした条項を入れる」という改正案を政府が国会に上程したことをきっかけとして、大きな反対運動が起きた。反対運動に立ち上がったのは、ウーマン・リブと呼ばれる各地の女性団体と日本脳性マヒ者協会「青い芝の会」を中心とする障害者団体で、双方の主張が対立する結果となった。女性団体は「産む／産まないは女性が決める」というスローガンのもと経済条項の削除に反対していた。また一部の女性団体の中には、中絶は女性の自由であり権利である、と

主張していたところもあった[32]。障害者団体は、胎児条項を取り上げ、女性に中絶する自由を全面的に認めてしまうことは「不良な子孫」という言葉の下に、障害者を体内から抹殺する行為であり、それは現在生きている障害者の存在を否定するものである、と互いの立場に食い違いが生じた（高山・濱野1997：127-128）。

　しかし、主張は違えど同じ優生保護法改悪案に反対運動をしている間に、ウーマン・リブの中にもともとあった「中絶は女性の権利」という主張にハッキリと違和感をもつようになった。そして「産める社会を！　産みたい社会を！」という、産める、産みたいと思うような社会整備が整うまでは安心して子どもを産むことができない、産むか産まないかを国が法律によって個人の性と生殖の権利に介入してはならないという主張へと変化していき、子どもを産むか産まないか、産むとしたらいつ産むか、何人産むかといった選択ができる社会を要求する方向へ動いた。結果的にこの改定案は廃案となったが、一般社会においては「胎児条項が必要である」と考える人たちも未だいることから、胎児条項が必要であると主張する人々と障害者団体及び胎児条項に反対する女性団体との間では、中絶を選択する理由の一つとして「障害を有すること」が含まれるかどうかの主張は未だ相容れない状況といえる。

　1994年にエジプト・カイロで行われた国際人口・開発会議や翌1995年に北京で開催された世界女性会議の行動綱領に「リプロダクティブ・ヘルス／ライツ（性と生殖に関する健康・権利）」の条文が入ったことや、それぞれの会議で日本の障害女性から日本の優生保護法の実態を発表するという国内外での働きかけがきっかけの一つとなり、優生学に基づく条文が障害者差別に当たるとして1996年に優生保護法の一部改正が行われ、名称も「母体保護法」と変更されて成立した（前掲書1997：130）。名称の変更と優生学に基づく条文だけを削除する改正で、優生上の理由による不妊手術と中絶の規定が削除された。しかし、中絶には医師の認定や配偶者の同意がなければできないなど、障害の有無に関わらず女性たちの声が届いた改正とはいえないものであった（米津2002）。

　優生保護法の「不良な子孫」という文言によって、優生保護法の中では認められていない子宮摘出手術が障害女性に対して行われることが黙認されるようになり、その後母体保護法へと改正され問題の「不良な子孫」という文言が削

除されても、出生前診断によって胎児に障害があるとわかったときの中絶の選択やその選択の責任は誰になるのか、といった問題は性と生殖に関する健康・権利の問題と重なる部分であり、これからも議論が必要である（高山・濱野 1997：133）。産まない手段としての中絶と胎児を選別する中絶という違いは、どこまでが女性の性と生殖に関する権利なのか、優生政策の手段の一つではないのか、子どもを産みたくて妊娠した女性は生まれて欲しい子どもと生まれて欲しくない子どもを選ぶことが性と生殖に関する権利に含まれるのか、といった内容を検討していく必要がある（米津 2002）。優生思想研究においては、出生前診断を実施した結果に基づいて選択的中絶が行われるとき、障害者の存在を否定している意味があることが問題となるとしている。しかし胎児が人格として存在するか否かについては意見が分かれており、胎児の生命をその範疇として捉えるかどうかによってその権利主張の可能性が異なることになる（笹原 2007：174）。

　次に、障害女性のもつ性と生殖に関する健康・権利についての研究である。上述の胎児選別の中絶の問題と重なる部分もあるが、障害女性固有の問題として以下があげられる。障害女性は妊娠しないだろうという固定観念、つまり障害女性は性的生活を送るはずがないという「無性」の存在として無意識のうちに非障害者によって固定観念化されている。しかし障害者も当然に恋愛をし性的生活を送り、そして障害女性は結婚も出産もしたいと考えているが、障害があるが故に出産や子育てができないと思われており、その上社会整備がされていないという現状がある。伊藤（2004）は、障害女性の結婚生活を検討することを通して、障害女性問題の背景にある障害者観について考察している。障害女性の恋愛、結婚、出産、子育て等に関する研究は障害女性自身が執筆しているものが多いため、現状を述べているに過ぎず、その対策を含んだ学術的な研究がなされていない状況であるが、多くの障害女性の抱える問題の中枢であり、繊細な問題であるため、当事者の受けた差別やその克服方法等について声をあげることは非常に重要なことである。

　DPI女性障害者ネットワークは、キリン福祉財団の助成を受けて『障害のある女性の生活の困難――人生の中で出会う複合的な生きにくさとは――複合差別実態調査報告書』を2012年3月に発行した。障害女性は障害があり、さ

らに女性であるために重複した複合的な差別を受けているが、障害女性に特化した施策はなく、障害女性のニーズに着目した取組みも少ない。社会的認識が低いがために公的な障害者統計の男女別集計がないため、不可視化されている。日本社会に生きる障害女性たちの「生きにくさ」や「生活の困難」といった現実を調査し、併せて国及び地方公共団体の公的施策の状況を調査し、それをまとめたのがこの報告書である（DPI女性障害者ネットワーク2012：1-6）。障害女性の抱える性と生殖の権利に関する問題が可視化されないのは、プライバシーに関することがほとんどであるためである。この報告書では、調査数は多くはないが障害女性の生の声と行政の取組みを同時に調査し、まとめられており、その意義は非常に大きいと言えよう。

　以上のように、日本では障害女性の抱えている問題の具体的な課題について研究されているものの、その問題は非常に繊細な問題であるために、男女別の統計を取ることが難しく、具体的な事例が埋没し把握が極めて困難であり、解決策が示されていない状況である。しかし、非常に繊細なプライバシーに踏み込むような内容の調査でも非障害者の女性には行われて統計が取られていることから、障害女性に対する社会的認識の低さが浮き彫りにされているといえよう。

　途上国と比較して障害分野の施策が進んでいるはずの日本でさえ、これらの課題の解決策に向けた研究が進んでいないこと、それ自体が障害女性の抱える問題であるともいえる。DPI女性障害者ネットワークの報告書からわかることは、障害女性の様々な統計をとるためには、同じ障害女性の協力なしには難しいということである。簡単に統計といっても、プライバシーに関することが多く、さらには家族にも悩みを言えない状況であることも多いため、どんな回答をしたか絶対に漏れないという信頼関係をつくり上げた人が行わない限り、正確な情報は入手できないであろう。

　障害女性は障害者の約半数を占めているが、障害種別によって課題が異なることもあり、一つのグループとして構成することが難しい。障害女性の抱える問題は、障害者の問題ではなく、ジェンダー問題の一つとして取り上げられることが必要である。しかし、非障害者の女性が直面しない問題（障害者であるが故に受ける差別）を抱えているのが障害女性であること、障害女性の数が総

体的な女性の数と比較して少ないため、ニーズが少ないと考えられ後回しにされ必要な政策や制度が整わないことから、社会的認識が低いままである。障害女性が抱えている性と生殖に関する問題は非障害女性の抱えている問題と根本的には同じであるため、同じ女性として問題解決の道を探っていき、その中で複合的な差別を受けている障害女性の存在や問題の深刻さなどを社会に認識してもらうことが求められるだろう。

第5節　小括

　障害分野に関する取組みは、国連機関の取組みを始めとする国際社会の動向がアジア地域の取組みにも、日本の取組みにも強く影響している。一方で、国連機関等の国際社会において政策を決定していくのは容易ではないため、障害者権利条約が採択されるまでに30年の時間を要した。今後の国際社会の取組みとしては、障害者権利条約の批准国を増やし、各々の国において法政策等の整備を促し、それらを実施していくことであろう。批准国の大半は途上国であることから、国際協力の枠組みにおいて取組みが強化されることが予想される。障害女性に対する取組みは、これまで積極的には行われてきていなかったが、障害者権利条約において条文の一つに障害女性が取り上げられたことや、前文や他の条項においても障害女性への配慮が記されていることから、その重要性が認識されてきている。

　アジア太平洋地域の取組みは、アフリカ地域やアラブ地域を始めとする他の地域の模範となっており、アジア太平洋地域内のみならず、他の地域への波及効果が出ていることから、他の地域に対しても大きな成果を挙げているといえよう。しかし、他の地域と比較すればアジア太平洋地域の障害分野の取組みは進んでいるが、障害女性や農村地域に居住する障害者、知的障害者、精神障害者等、支援を必要としている障害者は数多く残っているのが現状である。

　今後、2013年から始まった障害者権利条約実施のための新アジア太平洋障害者の十年の取組みが重要になってくる。障害女性に対する取組みは、びわこミレニアム・フレームワークやびわこプラスファイブに優先領域として記され、さらにインチョン戦略においても具体的な目標の中に「障害女性」が掲げられ

ていることからわかるように、障害女性に対する支援の必要性が認識されている。タイやフィリピンではロールモデルとなる活発な活動をしている障害女性が多いことから、農村地域の障害女性や障害種別の異なる障害女性に対しての波及効果も期待できる。

　日本政府は、アジア太平洋障害者の十年時に積極的に取り組み、他のアジア太平洋諸国を先導してきたが、現在は消極的になっていることがESCAPへ拠出する資金額の減少からもわかる。また、日本国内における法制度の整備に関しては、引き続き障害者やその家族を過半数以上含めた状況で政策策定をしていくことが望まれる。障害者権利条約を批准した今、日本がいかに障害者権利条約の内容を実施に移していくかが求められるところである。日本は他の先進諸国と比較して差別の重層構造が根深いため、障害分野の取組みが遅れていることもあり、特に障害女性への取組みは、特段に明記するような配慮は取られていない。また、障害女性の抱える問題に対する研究も当事者の目線で行われているものがほとんどであり、学際的な視点からの研究は進んでいないといえよう。

　今後も引き続き国際社会や地域ごとに障害分野が各国の取り組むべき喫緊の問題であることを訴えることで、各国が障害者権利条約の批准に向けて国内の法制度が整っていくと思われる。障害者の雇用率の増加やインクルーシブ教育の導入といった変化が見られるようになり、非障害者がこれまで以上に障害者と接する機会が自然と増えることで、障害に対する考え方が変化していき、すべての人が生きやすい社会になることが望まれる。また、国内の法制度のみならず、国際協力においても障害分野の支援の増加や、障害の主流化による障害者の参画が求められる。日本のような障害者権利条約を批准したドナー国が率先して、障害に配慮した国際協力を行わないことには、障害分野への取組みは見込まれない。

注

1　障害者の機会均等化に関する基準規則は、障害者の機会均等に関する国際的な基準である。障害者に対する世界行動計画との違いは、実施状況の評価をするモニタリングシステムが導入され、各国での実施を促進するための特別報告者やそ

れに協力するパネルが設置された点である。なお、"The Standard Rules"を「標準規則」と成清編2008では訳しているが、本書では、国連の障害者班で基準規則の策定に関わった長瀬修氏の日本語訳である「基準規則」を用いることとする。
2 障害者権利条約の日本語訳は、外務省からの政府公定訳と川島・長瀬仮訳が出されている。両者は、用語の訳し方が異なり、公定訳は日本語としてわかりにくい訳があるため、本書では後者の川島・長瀬仮訳を参照した。
3 障害者権利条約批准国の情報はUNEnableのウェブサイトを参照。
http：//www.un.org/disabilities/countries.asp?navid=17&pid=166
4 障害に基づく差別とは「障害に基づくあらゆる区別、排除または制限であって、政治的、経済的、社会的、文化的、市民的その他のいかなる分野においても、他の者との平等を基礎としてすべての人権及び基本的自由を認識し、享有しまたは行使することを害しまたは無効にする目的または効果を有するもの」だけでなく、さらにそれに加えて「障害に基づく差別には、合理的配慮を行わないことを含むあらゆる形態の差別を含む」としている。
5 障害者権利条約等の国際的に採択された規則や条約を引用する際には、原文に沿って「女性及び少女」と記載するが、それ以外の場合は少女を含めて「女性」と記す。
http://www.bfp.rcast.u-tokyo.ac.jp/nagase/2003p02.htm
6 序文の目的と内容には以下のように記されている。「本規則の目的は障害を持つ少女・少年・女性・男性が、他の市民と同様に、自分の属する社会の市民としての権利と義務を果たすよう保障することにある。障害を持つ人がその権利と自由を行使するのを妨げ、障害を持つ人が各自の社会の活動に完全に参加するのを困難にしている障壁が世界の全ての社会に未だに存在している。政府の責任はこのような障壁を取り除くことである。障害を持つ人とその組織はこの過程において協力者として積極的な役割を果たすべきである。障害者の機会均等化は人的資源を動員しようとする多方面にわたる世界的な努力に対する貴重な貢献である。特別な関心が女性、児童、高齢者、貧困層、移民労働者、二重・重複の障害を持つ人、先住民、少数民族といった集団に向けられる必要があるかもしれない。これに加えて、注目を要する特別なニーズがある障害を持つ多数の難民がいる。」
7 規則4「支援サービス」においては以下のように記された。「補助具・機器の供給を目指すリハビリテーション計画で、政府は障害を持つ少女・少年用補助具、機器のデザイン、耐用性、年齢へのふさわしさに関する特別の必要を考慮すべきである。」と、少女にも少年にも個々のニーズに応じる必要性が記されている。
8 規則9「家庭生活と人間としての尊厳」では、「政府は社会に現在も存在する障害を持つ人、特に障害を持つ女子・女性が結婚する、性的存在である、親となることに対する否定的態度を変えるための方策を推進すべきである。メディアはこのような否定的態度を取り除くのに重要な態度を果たすよう奨励されるべきであ

る。」と明記されている。
9　障害者権利条約における障害女性への視点は以下のように条文に記載されている（川島、長瀬訳）。
○前文（q）障害のある女性及び少女が、家庭の内外で暴力、傷害もしくは虐待、放置、もしくは怠慢な取扱い、不当な取扱いまたは搾取を度々受ける危険に一層さらされていることを認め、
○前文（s）障害のある人による人権及び基本的自由の完全な享有を促進するためのあらゆる努力にジェンダーの視点を組み込む必要があることを強調し、
○第3条　一般原則（g）男女平等
○第6条　障害女性
1.　締約国は、障害のある女性及び少女が複合的な差別を受けていることを認め、また、これに関しては、障害のある女性及び少女によるすべての人権及び基本的自由の完全かつ平等な享有を確保するための措置をとる
2.　締約国は、この条約に定める人権及び基本的自由の行使及び享有を女性に保障することを目的として、女性の完全な発展、地位の向上及びエンパワーメントを確保するためのすべての適切な措置をとる
○第16条　搾取、暴力及び虐待からの自由
1.　締約国は、あらゆる形態の搾取、暴力及び虐待（それらのジェンダーに基づく側面を含む）から家庭の内外で障害のある人を保護するためのすべての適切な立法上、行政上、教育上、その他の措置をとる
2.　締約国は、また、特に障害のある人並びにその家族及び介助者に対する適切な形態のジェンダー及び年齢に敏感な援助及び支援を確保することにより、あらゆる形態の搾取、暴力及び虐待を防止するためのすべての適切な措置（暴力及び虐待の…含む）をとる。締約国は、保護サービスが年齢、ジェンダー及び障害に敏感であることを確保する
4.　締約国は、……をとる。このような回復及び復帰は、障害のある人の健康、福祉、自尊心、尊厳及び自律を育成し並びにジェンダー及び年齢に特有の必要を考慮に入れる環境において行わなければならない
5.　締約国は、障害のある人に対する搾取、暴力及び虐待の事例が発見され、調査され、かつ、適切な場合には訴追されることを確保するための効果的な法令及び政策（女性及び子どもに焦点を合わせた法令及び政策を含む）を定める
○第25条　健康
締約国は、障害のある人が障害に基づく差別なしに到達可能な最高水準の健康を享受する権利を有することを認める。締約国は、ジェンダーに敏感な保健サービス（保健関連のリハビリテーションを含む）への障害のある人のアクセスを確保するためのすべての適切な措置をとる。

○ 第28条　十分な生活水準及び社会保障2(b)
　　社会保障計画及び貧困削減戦略への障害のある人、特に障害のある女性及び少女並びに障害のある高齢者のアクセスを確保するための措置
10　ESCAPは、1947年に国連アジア極東経済委員会（Economic Commission for Asia and the Far East：ECAFE）として設立し、1974年にESCAPに名称変更をしている。国連経済社会理事会の地域委員会の一つで、アジア太平洋地域の経済、社会開発のための協力機関であり、域内外の経済関係を強化することを目的としている。ESCAP加盟国は62カ国及び地域で、域内加盟国が49カ国、域内準メンバー9地域、域外加盟国が4カ国である。日本は1952年にECAFEに準加盟を認められ、1954年に正式加盟国となった。また日本は、各国・国連機関等を含め最大の資金拠出国であり、2001年には総額約569.5万ドルを拠出し、ESCAP特別予算の約36.34%、各国拠出金の約55.29%を占めた。ESCAPは、アジア開発銀行、アジアハイウェープロジェクトに寄与するなど、アジア太平洋地域の重要な基盤作りに貢献しているほか、障害者・高齢者対策分野でも成果を上げている。

　　ESCAPの障害者分野の対策には、社会開発部の社会政策・人口セクションが担当しており、アジア太平洋地域の障害者施策に多大なる影響を及ぼしている。次項にて詳述するが、1993年から始まったアジア太平洋障害者の十年を契機とし、第2次アジア太平洋障害者の十年、バリアフリー観光の推進など様々な方向から障害者に対する取組みを行っており、アジア太平洋地域の障害者政策へのESCAPの影響力は大きい。

11　アジア太平洋障害者の十年の12の課題とは、①国内調整、②法律制定、③情報、④国民の啓蒙、⑤アクセシビリティとコミュニケーション、⑥教育、⑦訓練と雇用、⑧障害原因の予防、⑨リハビリテーション、⑩福祉機器、⑪自助団体、⑫地域協力である（United Nations 2008）。

12　中西由起子 2003、http://www.asiadisability.com/~yuki/ESCAP.html 参照。

13　DPIは1981年の国際障害者年を機に、身体、知的、精神、難病など、障害の種別を超えて自らの声をもって活動する障害当事者団体として、1981年にシンガポールで設立された。世界本部はカナダにあり、加盟団体は世界130カ国を超えている。専門家、家族といった周囲の人々に守られるだけの存在ではなく、自分たち自身の意思・決定に基づいて生きていくことを目指している。DPIの日本支部であるDPI日本会議は1986年に発足し、障害者の自立と権利の確立に向けて活動を続けている。http://www.dpi-japan.org/dpi/dpi.html

14　CBRは、様々な定義やアプローチが存在する。その代表的な定義は、WHO、ILO、UNESCO、UNICEFが2000年に共同で発表したJoint Position Paperで示されているものである。その定義とは、「CBRは全ての障害児・者のリハビリテーション、機会均等、社会統合を実現するために、一般的なコミュニティ開発の枠

組みで実施される戦略である。CBRは障害者自身と彼らの家族、そして彼らの属するコミュニティが一致協力することによって、また、適切な保健、教育、職業訓練および福祉それぞれのサービスを提供することによって、実現する。」とされている（国際協力機構2003：付録3）。
15　びわこミレニアムフレームワークでは、a）障害に関する国の行動計画、b）障害問題への権利に基づくアプローチの促進、c）計画のための障害統計と障害に関する共通の定義、d）障害の原因の予防、リハビリテーション及び障害者のエンパワーメント強化のための地域に依拠したアプローチ、という4分野の戦略が立てられていたが、びわこプラスファイブでは、①障害問題への権利に基づくアプローチの強化、②可能にする環境の促進、政策の立案及び実施のための効果的なメカニズムの強化、③政策の立案及び実施を目的とする障害に関するデータ及び他の情報の利用可能性及び質の改善、④障害を含む開発の促進、⑤障害の原因の予防及び障害者のリハビリテーションとエンパワーメントのための障害問題への包括的な地域に根差したアプローチの強化、という5分野の戦略に再構築した。
16　内閣府共生社会政策統括官障害者施策のホームページ。2010年1月10日閲覧。http://www8.cao.go.jp/shougai/asianpacific/biwako/2.html
17　びわこミレニアムフレームワークの重要課題である「障害女性」に対する三つの目標を達成するために求められる行動12項目（UNESCAP2002：6-8）

　1．政府は、障害女性の権利を擁護するための、そして、特に、保健サービス、教育、訓練及び雇用への平等なアクセスを確保し、性的その他の虐待や暴力から保護し、彼女等らを差別から守るための施策を実施すべきである。

　2．政府、NGO及び障害者自助団体は、障害女性の状況についての認識を高め、積極的な姿勢やモデル的役割及び彼女らの発展の機会を促進するため、国民の意識向上を図るための計画を実施すべきである。

　3．政府は、地域、国及び地方レベルで、ジェンダー関連の適切な情報を障害女性間で普及するような仕組みを構築する。その情報には、それらに限らないが、国際的文書や国の立法に関する情報も含まれるべきである。

　4．障害者自助団体は、地域、国及び国内地方の各レベルで、障害女性を代表する者が障害者自助団体に加わることを保障しなければならない。

　5．障害者自助団体は、会議やワークショップ、セミナーに参加する代表団の少なくとも半数を障害女性で構成しなければならない。

　6．障害女性は、障害者自助団体が行う管理や総務的な分野の研修に参加することを奨励され、優先される。

　7．政府、NGO、障害者自助団体及びドナーは、障害女性のために、彼女らのジェンダーに関する意識を向上させ、また、障害者自助団体のあらゆるレベルでの、及び、政府へ提唱し、協議する役割において、また市民社会の中で、政策・意思

決定過程へ参加する能力を強化するために、指導者養成研修を提供すべきである。
　8．障害女性は、支援や情報発信・共有のために、自助団体内に自助グループを設け、また、右グループの国・地域ネットワークを設立すべきである。
　9．障害女性の団体やネットワークは、特に、教育や保健情報、研修、社会開発へのアクセスを重視しつつ、女子障害者の能力向上を促進すべきである。
　10．障害女性の国及び地域レベルのグループやネットワークは、一般の女性団体に対し、情報の普及と支援のために、障害女性と彼女らの自助団体並びに関心事項を一般の女性団体の組織やネットワークに含めるよう提唱すべきである。
　11．一般の女性団体は、利用しやすい形で訓練のための教材を準備するだけでなく、利用しやすい会場、手配、支援を提供することで、特に障害女性を研修プログラムに参加させるべきである。
　12．政府、NGO、障害者自助団体、ドナー及び市民社会を含むすべての機関は、常に、選択と自己決定における障害女性の権利を促進・支持しなければならない。

18　インチョン戦略の日本語訳は日本障害フォーラム（JDF）によって作成されたインチョン戦略（JDF 仮訳）を参照。 http://www.dinf.ne.jp/doc/japanese/twg/escap/incheon_strategy121123_j.html
19　紙面の都合上、東アジア、ASEAN 加盟国、南アジア、大洋州数カ国に限定して記載する。
20　日本の障害者施策の歴史については、大曽根編 2005、近藤編 2003、竹前編 2002、成清編 2008 を参照。
21　具体的な施策としては、1906 年「廃兵院法」、1917 年「軍事救護法」、1923 年「恩給法」、1931 年「入営者職業保護法」、1939 年「軍事保護院設置」などが挙げられる（成清編 2008：34-35）。
22　ノーマライゼーション（normalization）は 1960 年代に北欧諸国から始まった社会福祉をめぐる社会理念の一つ。障害者と健常者とは、お互いが特別に区別されることなく、社会生活を共にするのが正常なことであり、本来の望ましい姿であるとする考え方。またそれに向けた運動や施策なども含まれる。弱者を社会的に保護する仕組みが福祉だが、歴史的に障害者施策は施設の建設から始まることが多く、障害者や他の対象者（子ども等）にとって、保護が当事者の要求に応えられていない、人としての尊厳が保たれていない状況（障害者の施設送り・児童施設等）が往々にして起こった。また福祉を名目に対象者の隔離が計られることも多かった（ハンセン病療養所など。また日本での障害者コロニーの建設のピークは高度成長期であった）。また日本での福祉施策は行政措置により行われ、対象者の意志が尊重されることは稀であった。それに対して提唱されていたのが、「障害者を排除するのではなく、障害をもっていても健常者と均等に当たり前に生活できるような社会こそがノーマルな社会である」という考え方である。こうした社

会を実現するための取組みをノーマライゼーション（normalization）と呼ぶ。すなわち、バリアフリー化などの推進による障害者の蒙る不自由・参加制約の緩和である。この概念はデンマークのバンク＝ミケルセンにより初めて提唱され、スウェーデンのベングト・ニリエにより世界中に広められた（成清編 2008：10-11）。
23　社会福祉基礎構造改革の内容については、以下のウェブサイトを参照。
DPI 日本会議 http://www.dpi-japan.org/3issues/3-1shienhi/gd04/gd003.htm、
地方分権研究会【障害者支援プロジェクト】テーマ「障害者福祉サービスと介護保険制度の一元化」http://www.f.waseda.jp/y.takahashi/materials/press_release/pdf/040521.pdf
24　障害者権利条約の署名国数や批准国数に関しては、以下の国連障害者施策のウェブサイトを参照。http：//www.un.org/disabilities/
25　内閣総理大臣を本部長とし、すべての国務大臣で構成される。
26　総勢25名のうち14名は障害者あるいは障害者の家族で構成されており、その中に知的障害、精神障害の当事者が参画していることは類を見ない特徴である。
27　この"Nothing about us, without us（私たち抜きに私たちのことを決めるな）"というスローガンは、国連の障害者権利条約特別委員会における策定交渉の中で、国際的な障害当事者団体が使っていたスローガンであり、それを継承している。
28　1994年にカイロで開かれた国際人口・開発会議において採択された行動綱領において提唱された概念で、カタカナでそのまま「リプロダクティブ・ヘルス／ライツ」と表記されることもあるが、日本語では「性と生殖に関する健康／権利」と訳される。日本国際保健医療学会／国際保健用語集によると、リプロダクティブ・ヘルスとは、人間の生殖システム及びその機能と活動過程の全ての側面において、単に疾病、障害がないというばかりでなく、身体的・精神的・社会的に完全に良好な状態にあることを指す。従ってリプロダクティブ・ヘルスは、人々が安全で満ち足りた性生活を営むことができ、生殖能力をもち、子どもを持つかも持たないか、いつ持つか、何人持つかを決める自由を持つことを意味する。リプロダクティブ・ライツとは、性に関する健康を享受する権利である。具体的には、全てのカップルと個人が、自分たちの子どもの数、出産間隔、出産する時期を自由にかつ責任をもって決定でき、そのための情報と手段を得ることができるという権利。また差別、強制、暴力を受けることなく、生殖に関する決定を行える権利も含まれる。さらに、女性が安全に妊娠・出産を享受でき、またカップルが健康な子どもを持てる最善の機会を得られるよう適切なヘルスケア・サービスを利用できる権利が含まれる。（日本国際保健医療学会／国際保健用語集）
29　ナチスドイツの、「遺伝病子孫防止法」（1933年制定）に倣い、悪い遺伝的疾患者の子孫が増えることを阻止するために断種手術を行い、一方で健全な者の子孫が増えることを推進するために中絶を規制することを目的に、1940年に成立した。

30 米津知子（2002）http://www.soshiren.org/shiryou/20021017.html
31 http://www8.cao.go.jp/shougai/suishin/kaikaku/s_kaigi/b_18/pdf/s2.pdf（2014年9月2日参照）。
32 楠奈美子（1996）http://www014.upp.so-net.ne.jp/senku/10-5onna.html

第 4 章
事例研究——プロジェクトたんぽぽ

第1節 プロジェクトの概要

本節では、JICA の草の根技術協力で行われた「ろう者組織の強化を通した非識字層への HIV/AIDS 教育（通称：プロジェクトたんぽぽ）」を一つ目の事例研究として取り上げる。プロジェクトたんぽぽは、2008年9月から2013年3月までの4年半、ブラジルの東北部ペルナンブコ州の州都レシフェにて、特定非営利活動法人 DPI 日本会議(以下、DPI 日本会議)によって行われた。プロジェクトたんぽぽは、これまで支援を受ける側であったろう者を支援する側に育て上げ、ろう者が主となってプロジェクトの内容を考え、実施した他には例のないプロジェクトであることから、事例研究として取り上げた。第1項ではプロジェクトたんぽぽの概要、第2項ではプロジェクトたんぽぽの独自性について詳述する。

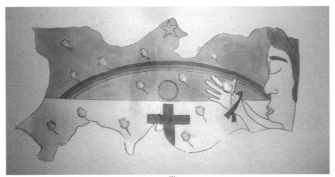

図10：プロジェクトたんぽぽのロゴ[(1)]

第1項 プロジェクトたんぽぽの実施経緯

本プロジェクトは、ブラジルの中で障害者の割合が最も高い東北部のペルナンブコ州の州都であるレシフェ市とその周辺が対象地域となっている。当時ブラジル全国での HIV/AIDS 罹患による死亡者数は1日30人、年間合計約1万1千人となっている。貧困地域の障害者は特に罹患率が高く、障害者をはじめとする非識字者は HIV/AIDS のみならず、性教育の教育対象から無意識

のうちに除外されていることが多いため、性感染症などの予防知識に欠け、リスクにさらされている状況にあった。

　そのような中で現地政府機関であるペルナンブコ州保健局・HIV/AIDSプログラムは、2006年11月、マイノリティーグループを対象にHIV/AIDSに関するセミナーを実施して啓発事業を試み、ペルナンブコ州のろう団体や州都のレシフェ以外の地方のろう者も参加した。その事業の最終日に参加していたろう者（レシフェ以外の地方のろう者）に感想を求めたところ「ポジティブ！いぇーい！」という感想が出た。「ポジティブ（Positive）」という言葉は、一般的には肯定的な意味になるが、HIV/AIDSでは陽性反応（HIV/AIDSに感染している）という意味になるため、「いぇーい！」と喜ぶような状況ではない。つまりこの一言で、数日間かけて行ったセミナーの内容を受講者であったろう者は全く理解していないということが明らかになったのである。

　この事態に、同席していたレシフェの地元ろう者団体のろう者たちは、コミュニケーションにバリアがあることに気付いた。それは、ろう者のコミュニケーションの手段としてはブラジル手話があるが、非ろう者が講師になるセミナーでは手話通訳者を介して受け身として受講しなければならない。しかし当時手話通訳のレベルの確保が難しいことに加え、参加者の年齢及び居住地によっては手話の普及度そのものが低い状況下において（このセミナーに参加した地方のろう者はほとんど手話がわからなかった）、セミナーの内容全てを手話通訳のみに頼った啓発活動では成果が出にくいことが明白となった。そのため、まずはブラジル手話を理解している自分たちがHIV/AIDSをしっかりと学び、ろう者が理解しやすい方法でろう者が教えていくプロジェクトを実施したいという機運が高まった。また、そのセミナーの場にはのちに本プロジェクトのプロジェクトマネージャーとなるイギリスの開発団体が派遣した支援スタッフが同席していたことから、DPI日本会議に協力要請があり、JICAの草の根技術協力プロジェクトに「ろう者組織の強化を通した非識字層へのHIV/AIDS教育（通称：プロジェクトたんぽぽ）」を申請するに至った。

　この申請にあたり、地元のろう者団体のろう者の中から、本プロジェクトを中心的に参加するメンバーを8名（男女4名ずつ）、そして手話通訳者を2名選出した。これらのメンバーが、本プロジェクトを通して養成されるろうのワー

カーが地域へ出て必要とされている情報を自らの手で伝えていく過程を「たんぽぽ」の綿毛が風に乗って新しい土地へ飛んでいく姿にたとえ、「プロジェクトたんぽぽ」と名付けられた。ポルトガル語ではなく日本語を採用したのは、メンバーにとって、たんぽぽのポルトガル語訳である「ダンデリオン」という単語が「ライオンの歯」という意味をもつことや、「プロジェクトダンデリオン」よりも、「プロジェクトたんぽぽ」のほうがしっくりきたという理由からである。

　JICA草の根技術協力プロジェクトの申請が通り、2008年9月より3年間のプロジェクト実施が決定した。プロジェクト目標などは次の「2.プロジェクト目標及び実施内容」で詳述するが、本事業の実施に際して非常に重要となったことの一つは、現地政府機関であるペルナンブコ州の保健局・HIV/AIDSプログラムとの連携である。上記の通り、保健局の実施したHIV/AIDSのセミナーによって浮き彫りにされた課題が本プロジェクトの原点である。当事者であるろう者の気付きによってプロジェクトの実施に至ったが、専門知識を有する保健局の協力なしには事業実施は困難であるため、保健局との連携はプロジェクトの開始以前から非常に重要視されていた。しかしそのHIV/AIDSセミナーで浮き彫りになった課題は保健局の担当者にとっても非常に衝撃的な出来事であったことから、お互いを尊重し合いながらのプロジェクト実施につながった。加えて、DPI日本会議の役員がプロジェクトサイトを訪問した際に、

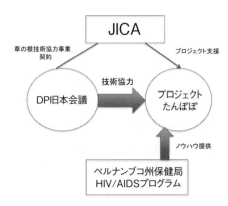

図11：プロジェクトたんぽぽ相関図

保健局担当者に対して、「日常生活において自らを取り巻くバリア（障壁）に精通した当事者から出てくる画期的なアイデアや、当事者だからこそ成し得る効果的な情報伝達のノウハウが生まれてくる。これは非当事者には考えつかないことであるため、決してたんぽぽメンバーの行うことに口を出さず、見守って頂きたい」ことを伝え、当事者主体でプロジェクトを実施することの意義を事前に理解が得られたこともプロジェクトの円滑な実施に大きな影響を与えた。

第2項　プロジェクト目標及び実施内容

　当初は2008年9月から2011年8月までの3年間のプロジェクトであったが、フォローアップとして2011年9月から2013年3月までの1年半のフェーズ2が実施された。フェーズ1では、選出されたたんぽぽメンバーをHIV/AIDSワーカーに養成すること、そしてその経験をもとにした教材の作成、そしてワークショップの開催が主となっていた。フェーズ2では、ワークショップの地域をペルナンブコ州の他、東北部3州、北部2州、計6州を対象地域とし、さらにプロジェクトたんぽぽがJICAからの支援終了後に独立した団体として持続性を確保できるように、団体としての運営能力を高めることに重きを置いた。

1．フェーズ1

　2008年9月から2011年までの期間で実施されたフェーズ1は、「障害をもつ当事者が受益者としてだけでなく、事業の担い手としてもその能力と役割を地域社会で認識される」というプロジェクト目標を掲げ、それを達成するために表12にあるように四つの成果が期待された。

　プロジェクトたんぽぽの活動は、まずワーカーとなることを目指すたんぽぽメンバーがHIV/AIDSについて知識を得ることから始まった。ペルナンブコ州保健局の協力を得てHIV/AIDSの歴史に関するワークショップを実施したり、看護師を招いて人体に関するワークショップを実施したりした。人体に関するワークショップでは、身体の仕組みを学ぶところから始まった。等身大の画用紙の上に横になり、身体の線を書き写し、身体の内部の臓器などがどこに何があるのかを学んだ。さらに、たんぽぽメンバーが使用しているブラジル手話には、それぞれの臓器の手話はなかったため、それぞれの臓器の名前を覚え

表12：フェーズ1の目標及び成果

上位目標	ろう者及び非識字層の障害者のHIV/AIDS感染率を改善する
プロジェクト目標	障害をもつ当事者が受益者としてだけでなく、事業の担い手としてもその能力と役割を地域社会で認識される
成果1	ろう者の組織及びプロジェクト運営能力が強化される
成果2	ろうのHIV/AIDSワーカーが養成される
成果3	ろう者の組織の経験・ノウハウを生かしたHIV/AIDSに関する情報バリアフリーに配慮した教材が開発・作成される
成果4	開発した教材・人材を用いたワークショップを地域のろう者と他の障害をもつ非識字層を対象に開催する

出典：(特活) DPI日本会議（2007）

ると共に、その言葉をどのようにサインで表すかを協議し決定していった。「プロジェクトたんぽぽ」を表すサインも彼らによって付けられた。

　ワーカーの養成トレーニング終了後、トレーニングで得た知識をろう者のみならず、「非識字者」にもわかりやすいビジュアルの教材を作成した。その一つの例が図12である。この図は、プロジェクト・サイクルの過程を表している図である。さらにHIV/AIDS予防の啓発活動の方法の一つとして彼らが選んだのが「手話ではなく、ジェスチャーを用いた寸劇」であった。

　どのような内容の寸劇にするか、どのような衣装を着るかといった内容は全

図12：ろう者の作成したプロジェクト・サイクルの過程を示す教材

てろうのワーカーたちが中心となって決定していった。衣装を購入し、役柄を割り振って練習し、初めての寸劇披露は国際エイズデーでのストリートパフォーマンスであった。その後、手話を言語とするろうの当事者のみならず、手話をあまりよく知らないろう者や知的障害者、その家族、学校の先生や友人などといった、障害当事者の周囲の人々も含めた多くの人々が共に寸劇の内容を理解できるようにすることを目的として、寸劇では手話を使わず誰でも理解が可能なジェスチャーを用いた。さらにワークショップに参加するたんぽぽメンバーの人数が限られる場合を考慮した、異なった人数のバージョンの寸劇も考えられた。

　寸劇の考案と同時に、クロスディスアビリティについても理解を深めた。それは本プロジェクトの実施団体であるDPI日本会議が障害種別に偏らず、クロスディスアビリティを掲げている団体であり、さらに本プロジェクトがその趣旨に沿って、HIV/AIDSの啓発活動はろう者のみならず、他の種別の障害者の非識字層をターゲット層としているためである。具体的には、視覚障害者とアクセシビリティに関するワークショップを行い、点字や音声解説について学び、その後も視覚障害者団体との連絡を密に取ることで協力体制を築いた。またセクシュアリティ・多様性に関するワークショップを実施し、知的障害者とのコミュニケーションも広げた。また本邦研修を実施し、日本の障害者団体がどのような活動を行っているのか、クロスディスアビリティとはどういうことかを実際に目で見て学んだ。

　他の種別の障害者について学ぶことで、ろうのワーカーたちの意識が変化し、教材の幅も広がっていった。教材は、性感染症・HIV/AIDS予防資料、新たに考えたサインを含めた手話の資料及びDVD、HIV/AIDS予防に関する寸劇のDVD、健康に関する手話の辞書（DVD）、健康に関する教材及び絵のシールなどが作成された。

　表12にあるプロジェクト実施の期待される成果は全て達成し、プロジェクト目標であるろうのワーカーがペルナンブコ州で認識され、各地からワークショップの依頼が相次いだ。ワークショップ対象地域の拡大とプロジェクトたんぽぽとして独立団体になることを目指し、引き続きフェーズ２の実施が決定した。

2．フェーズ2

表13：フェーズ2の目標と成果

上位目標	ろう者及び非識字層の障害者のHIV/AIDS感染率を改善する
プロジェクト目標	たんぽぽ事業が障害当事者団体として独立し、当団体の活動を通して、ろう者を始めとする非識字層の障害者を対象にしたHIV/AIDS予防啓発地域がブラジル国内で拡大される
成果1	たんぽぽ事業が独立団体として主体的に運営される
成果2	たんぽぽ事業の資源、財源（ファンドレイジング）が強化される
成果3	たんぽぽ事業の予防啓発活動の実施能力が向上される
成果4	ペルナンブコ州とその他地域でネットワークが構築される
成果5	ペルナンブコ州以外のブラジル2地域において、HIV/AIDSワーカーが養成される

出典：（特活）DPI日本会議（2010）

2011年10月から2013年3月までの1年半の期間で行われたフェーズ2は、表13の通り、「たんぽぽ事業が障害当事者団体として独立し、当団体の活動を通して、ろう者を始めとする非識字層の障害者を対象にしたHIV/AIDS予防啓発地域がブラジル国内で拡大される」というプロジェクト目標が立てられた。近年国際協力の中で重視されている「持続性の確保」の観点からも、プロジェクトが終了する1年半後には独立していられるように、成果も以下の五つが期待された。

まず、フェーズ1の中で説明した通り、プロジェクトたんぽぽのメンバーはレシフェの地元ろう者団体から選出されていたため、プロジェクトたんぽぽという組織が予算を確保し、その活動を維持していくために、その「地元ろう者団体の中にプロジェクトたんぽぽがある」という状態ではなく、地元ろう者団体とは別組織であることを明確にする必要があった。特に、銀行口座を別に開設することが、JICAからの支援終了後のファンドレイジングに関して非常に重要であった。そのため独立団体として国に登録する必要があることから、団体規約の策定、役員の選出、JICAの支援が終了する2013年3月以降3カ月間の活動計画の提出を活動に組み込まれた。これらの活動は順調に進捗し、事業終了時には団体登録を完了し、プロジェクトたんぽぽという団体の役員や経理担当者として今後もプロジェクトたんぽぽの活動を継続していくメンバーが

選出された。

　次に、持続性を確保していくために重要である「ファンドレイジングが強化されること」が期待される成果の2番目に掲げられた。フェーズ1の段階から既に週1回行われる勉強会に、手作りの料理やたんぽぽのロゴが入ったマグカップやポロシャツなどの「たんぽぽグッズ」を作成して販売し、少額ではあるがプロジェクトたんぽぽ自身で活動費を捻出し始めていた。しかしそれだけでは運営は困難であるため、「当活動ができそうなドナーを探し、企画書を提出すること」が期待される成果としてあげられた。フェーズ2でワークショップをペルナンブコ州及びその他5地域で実施している間に、交通費や日当・宿泊費、会場費などを他地域の保健局が負担してくれる頻度が増加していった。

　さらに、フェーズ2終了間際の2013年3月21日に、たんぽぽメンバーはブラジリアのブラジル連邦政府保健省の国際部及びHIV/AIDS予防対策部と会合し、以下四つの合意事項を得た。それは、①ブラジル連邦政府保健省HIV/AIDS予防対策部から、全国の州保健局コーディネーターへプロジェクトたんぽぽの活動をサポートするように通達を出すこと、②州保健局がプロジェクトたんぽぽの必要経費を賄えない場合には連邦政府から支援をすること、③ブラジル北部・東北部以外の州でもワークショップを実施することをプロジェクトたんぽぽへ要請すること、④保健省国際部とエイズ予防対策部で今後国際分野においてどのようにプロジェクトたんぽぽへの支援ができるかを検討すること、である。これまで州の保健局からの応援は得られていたが、国の保健省から応援を得ることができたことは、JICAの支援が終了した後も独立した団体として活動を実施していくための持続性の確保に繋がっていると言えよう。

第2節　プロジェクトたんぽぽの独自性

　本プロジェクトには大きく分けて四つの独自性がある。第1に、「常に支援を受ける側であったろう者が支援をする側になった」ことである。第2に、HIV/AIDSワーカーは全員ろう者であるが、啓発活動の対象者をろう者に限定せず「非識字層」の障害者、貧困者と対象者の幅を広くしたことである。そして第3に、プロジェクト開始当初から地方行政の担当者の理解を得られてい

たことに加え、啓発内容がブラジル政府も国として関心をもっていた「障害とHIV/AIDS」というテーマであったことである。第4に、支援する側が当事者の主体性を徹底したことである。それぞれを具体的に説明する。

第1の独自性である「常に支援を受ける側であったろう者が支援をする側になった」ということが、本プロジェクト成功の最も重要な点である。本プロジェクトが始まる約2年前からプロジェクトマネージャー[3]が現地のろう団体と活動を行ってきていたため、プロジェクト形成時には既に地元のニーズを明確に認識していた。さらに、プロジェクト開始後も州や地域のろう者とニーズに沿った事業活動が展開されているかを常に確認しながらプロジェクトを行っていたことも大きい。本プロジェクトの申請段階からそうであるが、プロジェクトの必要性を後にたんぽぽメンバーとなるろう者が気付き、活動のすべての内容をろう者が考え、そしてろう者が決定して行われてきた。（プロジェクトマネージャーはあくまでも側面支援に徹していたことで、JICAからの支援終了後でもプロジェクトたんぽぽの事業の継続が可能になっていると考えられる。）情報保障が十分に行われず、常に受け身であったろう者が手話通訳者を頼る方法だけでなく、自分たちの手で情報を伝えるという手法を用いることによって、手話通訳者を介さなくても情報を伝えていくことができるという自信をもつことができたことに加え、自分たちがどれだけ多くの情報を知らない（または知らされていない）まま生活してきていたのかということにも気付いたことが、彼らの意識の変革につながった。

第2の「啓発活動の対象者をろう者に限定せず、『非識字層』の障害者、貧困者としたこと」は、同じ障害当事者団体としてたんぽぽプロジェクトと連携を組んだDPI日本会議が事業提案当初からたんぽぽメンバーへその重要性と意義を働きかけたのだが、それもまた、たんぽぽメンバーの視野を広げることに繋がったことに加え、今後の活動にも幅をもたせることを可能にした。ターゲット層をろう者に限定しなかったことで、たんぽぽメンバーは他の障害について学び、点字やクロスディスアビリティの概念を知ることができた。特に視覚障害者と聴覚障害者は非常にコミュニケーションが取りづらいが、たんぽぽメンバーが点字を習い、イベントの際には点字の資料作成、通訳者を置いたことで視覚障害者の参加が可能になった。遠征したワークショップでは、親や周

囲の人から「コミュニケーションが取れない」と思われていた知的障害児とたんぽぽメンバーが意思疎通できたことで、ジェスチャーを使った寸劇の効果も明らかとなり、プロジェクトたんぽぽの活動の幅を広げることに繋がった。さらにたんぽぽメンバーの自信にもなり、啓発活動を必要としている人はろう者だけではないと実感したといえよう。

　第3の独自性である、「啓発内容がブラジル政府も国として関心をもっていた『障害とHIV/AIDS』というテーマであったこと」は、第2の独自性と同様に、今後のプロジェクトたんぽぽの活動に幅をもたせる結果に繋がった。障害者が関係しているプロジェクトは、その内容が障害分野支援に特化していなくても、とかく「社会福祉」の分野に分類されがちである。しかし本プロジェクトはブラジル政府が国として「HIV/AIDS」の問題に取り組んでいたこと、特に「障害とHIV/AIDS」に関心をもっていたこと、さらにプロジェクトたんぽぽの活動の対象者をろう者に特化せず、非識字層の障害者や貧困者としていたことが功を奏し、障害者施策ではなく保健分野の施策として受け入れられた。保健分野の活動としてブラジル政府に認められたことで、ブラジル各地で実施予定であるHIV/AIDSや性感染症の啓発活動に、プロジェクトたんぽぽがワークショップを実施することが可能になり、独立してからも活動が継続可能となっている。

　第4の独自性である「支援する側が当事者の主体性を徹底したこと」も本プロジェクトの成功に必要不可欠であったといえよう。聴者であるプロジェクトマネージャーはブラジル手話もポルトガル語も習得していたが、「通訳者の立場にならないこと」を徹底した。それは「情報が誰に先に入るか」ということがコミュニケーションにバリアがあるろう者を主体にプロジェクトを進めていく上で重要だと考えたからである

　まずろうの当事者に情報が入り、その情報をどう消化してどのように他のメンバーに伝えるか、更にそこに聴者であるプロジェクトマネージャーが居合わせたとしても同時に情報を得ることができるように、別に通訳者を立て、情報がプロジェクトマネージャーに一極化することを避けた。その結果、「聴者＝通訳者ではない」という認識と「自分たちが主体であること（当事者主体）」の認識を高めることができたといえる。

JICA からの支援が終了して約 2 年が経過した現在、規模は縮小しているがプロジェクトたんぽぽは継続して活動を行っている。HIV/AIDS の知識がなかったろう者がワーカーとして育ち、自分たちで誰が見てもわかる教材を作成し、各所を巡回しジェスチャーを使った寸劇を見せて啓発活動を行っていき、州保健局さらには連邦政府の保健省からもサポートを得られるようになったことは大きな成果である。その成果が出た理由は、本プロジェクトがまさにキャパシティ・ディベロップメントの手法で支援を行っていたからであるといえよう。以下に、具体的に説明をする。

第 3 節　プロジェクトたんぽぽのキャパシティ・ディベロップメント

　本プロジェクトがキャパシティ・ディベロップメントの手法を用いたプロジェクトであったと証明するために、第 1 章で詳述したキャパシティ・ディベロップメントの三つの特徴を本プロジェクトに当てはめてみることにする。
　第 1 に、キャパシティ・ディベロップメントの包括性である。キャパシティを個人、組織、制度・社会と行った複数のレベルで包括的に捉えるのが特徴である。プロジェクトたんぽぽでは、まずたんぽぽメンバーという個人に支援を行い、啓発活動ができる HIV/AIDS のワーカーに育て、その個人であるたんぽぽメンバーをプロジェクトたんぽぽという組織にし、組織に対してチームとしての動き方、独立した団体となるにはどうすればいいのかといった支援を行った。その中で、個々のメンバーがプロジェクトたんぽぽを構成し、お互いを育てるという相互作用が起きたことが、キャパシティ・ディベロップメントの求める「包括性」に近づいたといえよう。また組織が独立して活動を継続できるように支援することが、ブラジルの社会・制度レベルの支援に繋がるといえる。プロジェクトたんぽぽが地域社会（大きく捉えるのであればブラジル社会）を変えようという気持ちや実際それを行える力と、地域社会の中で起こる経験を積むことで育てられる、といった相互作用が個人、組織、そして社会・制度レベルへの包括性につながる。まさに別個に支援するのではなく、総体として包括的な支援を行ったことで、相互作用が起きる環境をメンバー自らがつくり出し、そしてそれを求めることがフェーズ 1 のプロジェクト目標である「社

会の中で事業の担い手として認識される」ことが確立されるために必要な過程であった。

　第2に、キャパシティ・ディベロップメントの内発性である。これはドナーからの支援終了後も活動が継続していく、プロジェクトの持続性のために必要な事柄である。つまり、支援を受ける側のオーナーシップを重視している。本プロジェクトは既に詳述の通り、ろう者自身が「ろう者が理解しやすい方法で、ろう者が教えていくこと」の必要性を見出し、本プロジェクトが行われることになったという経緯があるため、自分たちが理解するために何が必要か、その後どのような方法で他のろう者に教えていけばいいのかを考え、メンバーで話し合いをして問題解決に必要な方法を見出してきた。そのため、事業実施体制そのものに対して大きなオーナーシップが引き出された支援であったといえる。さらに、日本からDPI日本会議の役員が現地を訪れ、彼らの話を聞きアドバイスをしてきたことも大きな影響を与えているといえる。特にその役員が車いす利用者でさらに日本の手話ができるため、彼らに話しかけるときは必ず手話をしながら話したことが、たんぽぽメンバーにとって「クロスディスアビリティ」の重要性に気付いた衝撃的な出来事であったようである。この出来事もまた、決して役員が「クロスディスアビリティの必要性」を説いたわけではなく、たんぽぽメンバー自身が実体験の中から気付いたという点が主体性をもたせることの後押しとなった。

　加えて、2回実施された本邦研修もまたキャパシティの内発性を引き出すことを可能にする「ドナーのもつ知識の共有」が行われた。独立した団体として活動していくためには、実際団体をどのように組織運営していけばいいのかという知識の共有をした。さらに、これまでろうの当事者として葛藤していた社会問題を日本の障害当事者と共有し、また日本の障害当事者が障害種別を超えて障害者施策に取り組んでいることを知ったことで、障害当事者運動の必要性を認識し、プロジェクトたんぽぽがブラジル社会の変化を求めていく運動体としての役割を担うことの重要性を認識したこともまた、たんぽぽメンバー個人としても、プロジェクトたんぽぽという組織としてもキャパシティ・ディベロップメントが行われたといえよう。

　第3に、「ドナーがファシリテーターの役割を担うこと」であるが、本プロ

ジェクトにおいて「ドナー」という役割を主に担ったのは、プロジェクトマネージャー、支援団体であるDPI日本会議、そしてJICA、特にJICAブラジル事務所の三者である。まず、JICAの草の根技術協力におけるプロジェクトマネージャーは基本的に現地で活動しているため、裨益者に与える影響が非常に大きい。問題が起こったときに解決方法を教えてしまうか、問題解決に繋がるような知識を共有して裨益者側に考えてもらうようにできるかが、プロジェクトマネージャーの力量にかかっているといっても過言ではないだろう。本プロジェクトのプロジェクトマネージャーは「自分は当事者ではなく、ファシリテーターである」ということを徹底していた。例えば、たんぽぽメンバーがワークショップを受けた後や、教材が完成したなど、節目・節目に撮る写真には決して写らなかった。ファシリテーターとして側面的な支援をしているため仲間にはなっているが、決して自分は事業を担うたんぽぽメンバーの一人ではないということを常に示してプロジェクトにあたっていた。

次に、支援団体であるDPI日本会議は通常のプロジェクト運営・管理は基本的にプロジェクトマネージャーに一任していたが、現地訪問や本邦研修の際にたんぽぽメンバーに決して知識を植え付けるのではなく、当事者としてメンバーと共に共感し、心に衝撃を与え内発的な発展を引き出してきた。

さらに、JICAブラジル事務所の支援もたんぽぽメンバーに非常に大きな影響を与えた。本プロジェクトの担当者をはじめ、多くのブラジル事務所員がプロジェクトサイトを訪問し、たんぽぽメンバーと交流をもったことは「顔の見える支援」として、たんぽぽメンバーにエールを送り、また安心感を与えた。そして、草の根技術協力事業以外のスキームである研修事業への参加、広報誌へのプロジェクト内容の掲載、インターンシップの受け入れ、ポルトガル語圏アフリカ地域との南南協力など数多くの機会を提供し、また地方行政の担当者と話し合いをしてそれぞれのニーズを確認し合うなど、プロジェクトたんぽぽの活動を最大限活かすべく側面から支えていたといえよう。

ドナーである三者がそれぞれの立場からプロジェクトたんぽぽをファシリテートする環境であったことが、彼らのもつ才能や知識を生かすことを可能にした。

キャパシティ・ディベロップメントを促すために、ドナーは良好な環境づく

りをしなければならないと言われており、それは①オーナーシップ、②良好な政策・制度環境、③インセンティブ、④リーダーシップ、⑤知識、という五つの要素が必要になる（国際協力機構 2006：11-12）。これまでのプロジェクトたんぽぽの状況を見ると、この五つの要素がすべて揃っていたということがわかる。

　繰り返しになる点もあるが、一つひとつ述べていく。まず「オーナーシップ」はキャパシティの内発性の部分でも述べたように、プロジェクトの内容はすべてたんぽぽメンバーで決定する方針をとっていたこと、さらに定期的に地元の関係者と集まりニーズの確認など、話し合いの場をもっていたことからも、たんぽぽメンバーはもちろん、地元政府機関も含む裨益者のオーナーシップが確保されていたといえる。

　次に「良好な政策・制度環境」は、本プロジェクトの申請のきっかけとなったペルナンブコ州の保健局 HIV/AIDS プログラムが行ったろう者に対する HIV/AIDS に関するセミナーで、自分たちの方法ではろう者に伝わらないことを目の当たりにしたこともあり、プロジェクトたんぽぽの活動に開始当初から非常に協力的であった。また、たんぽぽメンバー自身も HIV/AIDS の知識を取り入れるためにペルナンブコ州保健局の協力が必須であることを認識していたため、研修・話し合いの機会を定期的にもっていたことも良好な環境づくりに影響したといえよう。ペルナンブコ州保健局との連携が密に行われたことで、保健局側もまた「たんぽぽメンバーを自分たちが養成した」という意識が高まり、プロジェクトたんぽぽに行政側として適度なオーナーシップを発揮してくれたことから、「良好な政策・制度環境」が整うことに繋がった。さらに、プロジェクトたんぽぽの独自性の3番目にもあげたが、ブラジル政府にとって「障害者と HIV/AIDS」が非常に関心の高い課題であったことが、ペルナンブコ州以外の州政府の保健局の関心の高さにも繋がっていると考えられるため、プロジェクトたんぽぽの活動が行いやすい環境が整っていたといえよう。

　3番目の「インセンティブ」は、プロジェクトたんぽぽの申請の発端となったペルナンブコ州保健局が行った HIV/AIDS セミナーにおいて、ろう者がしっかりと理解するには情報にバリアがあることに気付き、さらにプロジェクトたんぽぽの活動で HIV/AIDS や性感染症について学んでいくなかで、自分たちがどれほど多くの情報を知らない（または知らされない）状況で生活している

かということに気付いたことで、社会の色々なことをより多く知りたいという意欲をかき立てた。自分たちの状況を知ることによって、HIV/AIDSや性感染症の知識を得てワーカーになり、他の非識字層の障害者や貧困者に伝えていかなければならないというインセンティブが生まれ、プロジェクトの実施に有益な働きを促したといえる。また、DPI日本会議やペルナンブコ州保健局といったプロジェクトたんぽぽを取り巻く人々から、「当事者にしかできない手法があるのであれば、是非取り組んでみて！」と「期待される」ことや、自分たちが行おうとしていることを「価値がある」ことだと認識している連携機関があったこともたんぽぽメンバーのインセンティブを高めた。加えて、JICAの支援の中で、継続的にたんぽぽメンバーおよび通訳者の人件費が確保できたことも、彼らのインセンティブに繋がった。

　4番目の「リーダーシップ」はインセンティブの大きさからも影響を受けるといわれているが、選ばれたたんぽぽメンバーの中に、男女１人ずつ地元のろう団体でリーダー的役割を担っていた人がいたため、彼らがメンバー全員を同じ方向に向かわせるようにリーダーシップを発揮してくれた。さらにその２人が年下のメンバーを育成してくれたことによって、２人が抜けた後も育った若者たちがリーダーとなって活動が継続されている。

　そして最後、5番目の「知識」は、何度も述べてきているが、HIV/AIDS及び性感染症に関する知識を得て、国内のワークショップでその知識を共有しているのみならず、ポルトガル語圏アフリカ諸国との南南協力(4)においても共有している。プロジェクトたんぽぽは言語に縛られない活動を行っているため、ブラジル国内はもちろんのこと、他国でも利用できると考えられ、実際にそれらの手法を用いてアフリカのポルトガル語圏の国であるアンゴラとモザンビークの当事者への啓発活動が行われた。

　以上のように、プロジェクトたんぽぽは、キャパシティ・ディベロップメントの手法が効果的に発現する要素が整っていたことが、プロジェクト成功の要因であったといえる。つまり、キャパシティ・ディベロップメントの有効性を示す重要な事例である。さらに本プロジェクトは、支援の始まりはたんぽぽメンバー個人であったが、結果的にはブラジルの国の政策への一支援に繋がり、またそうした社会政策の向上が必要としている裨益者一人ひとりの生活の質を

向上し、彼らがまた社会の一員として地域に貢献する、という障害当事者の社会参画のあるべきモデルの設立を表したともいえよう。

注
1　ペルナンブコ州の形と州旗をバックに HIV/AIDS 予防の啓発知識をメンバーが飛ばしている様子を描いたもので、当時の最年少メンバーによって描かれたもの。
2　1981 年国際障害者年を契機に設立した DPI（Disabled Peoples' International）の活動に賛同し、日本国内に於いても障害の種別を超えた草の根組織の力を結集させようと、国内の障害当事者の全国・地域組織が集まり結成された。障害者自身の声を「政策」という形につくり上げ、国会や関係省庁などにその実現を働きかけている。また途上国の障害者の人権確立、生活条件の向上のための活動、障害者の権利条約の国際的な推進や途上国の障害者リーダー養成などを行っている。（DPI 日本会議 Web サイト http://www.dpi-japan.org/dpi/outline.html、2014 年 10 月参照。）
3　本プロジェクトマネージャーは聴者であるが、ブラジル手話、ポルトガル語を習得し、地元のろう者と直接手話でのコミュニケーションをとることができた。
4　2012 年 9 月 24 日〜29 日の日程でブラジルペルナンブコ州レシフェ市で行われた南南協力。ブラジルと同じポルトガル語が公用語であるアフリカのアンゴラ、モザンビークから各国 5 名、計 10 名の研修生が参加し、たんぽぽメンバーが講師として、プロジェクトたんぽぽのスキルを教えた研修。日本からも DPI 日本会議の役員を 1 名講師として派遣した。

第5章
障害分野支援における
キャパシティ・ディベロップメント

第1節　キャパシティ・ディベロップメントと他のアプローチの相違点

　第4章の事例研究で取り上げたプロジェクトたんぽぽと、第2章第4節で日本の障害分野支援の1例として取り上げたJICAのAPCDプロジェクトに、キャパシティ・ビルディング、ケイパビリティ・アプローチ、ソーシャル・キャピタルといった他のアプローチを当てはめると、成果がどのように異なるのかを検証する。具体的には、プロジェクトたんぽぽとAPCDプロジェクトの独自性を各アプローチに当てはめ、キャパシティ・ディベロップメントの概念と同様の結果を見出せるかどうかを検討する。なお、各々の具体的なアプローチは第1章に詳述済みであるため、本節では省略する。

第1項　プロジェクトたんぽぽから見た相違点

　プロジェクトたんぽぽの独自性は、①これまで常に支援の受け手であったろう者が支援をする側になったこと、②ワークショップなど啓発活動の対象者をろう者や障害者に限定せず「非識字層の障害者や貧困者」にしたこと、③担当する地方行政の理解が初めから得られていたことに加え、国家としてもHIV/AIDSに関心をもっていたこと、④支援する側が当事者の主体性を徹底したこと、の4点である。

　まずキャパシティ・ビルディングの手法に当てはめてみると、「たんぽぽメンバーをHIV/AIDSのワーカーにする」という過程までは、メンバーそれぞれの個人の能力構築からプロジェクトたんぽぽという組織の能力向上のために実施されてきた。そのため、フェーズ1のワーカーが育つまではキャパシティ・ビルディングの手法が用いられているといえよう。しかし、そこから先のたんぽぽメンバーが自ら考案したジェスチャーの寸劇を用いての啓発活動を行うことなどは個人から組織の段階に移行しているため、キャパシティ・ビルディングの手法のみでプロジェクトを実施することになると、第1の独自性である「ろう者が支援する側になる」ことができなくなり、目標達成半ばでの終了となってしまうことになっただろう。

　次にケイパビリティ・アプローチにプロジェクトたんぽぽを当てはめて考え

てみる。個人、組織、社会という複数の層に対して支援を行う必要があると考えられている点はキャパシティ・ディベロップメントと同じであるが、ケイパビリティ・アプローチは個人の生活の質や良さを捉えるための概念であるため、支援の質を問うている。たんぽぽメンバーそれぞれをワーカーとして育てるために、取り巻く環境（たんぽぽメンバーの親の理解を得たり、その地域のろう団体などとの意見交換をしたりするなど）を整えていった。プロジェクトたんぽぽとしての成果は個人の生活の質向上が目的とされていないことから、プロジェクト目標の達成に向けてのアプローチとしては適さないが、より良い結果を出すための必要なアプローチであるといえよう。

　第3のソーシャル・キャピタルを当てはめて考えると、たんぽぽメンバーに対してHIV/AIDSのワーカーになる支援を行っていく中で、チームとしての信頼や規範が蓄積された。ワーカーへと育っていく過程の中で、ペルナンブコ州保健局との信頼、規範そしてネットワークが構築され、さらにワーカーとして活躍するようになったことで、これまで接してこなかった人々や地元のろう者たちとのより密なネットワークが構築されていった。さらには、JICAブラジル事務所やDPI日本会議をはじめとする日本の障害当事者団体との信頼関係やネットワークも構築された。プロジェクトたんぽぽは分類の第1類型である結合型、橋渡し型の両方のソーシャル・キャピタルが構成されていることから、持続可能な開発が可能となっているともいえる。ソーシャル・キャピタルの概念に沿うように支援を進めていくことでキャパシティ・ディベロップメントにつながっていくと考えられる。

　最後のエンパワーメントは概念の対象が国や地域、組織の中における「人間」であり、かつ「力を剥奪された人」が対象となっていることからも、社会に情報のバリアがあり力を存分に発揮できなかったろう者であるたんぽぽメンバーには、エンパワーメントを目的としたアプローチは効果的である。実際にたんぽぽメンバーは、プロジェクトの中で自らが考案したジェスチャーを使った寸劇でHIV/AIDSの啓発活動を行い、それらが成功し成果を上げていくことでエンパワーされていったといえよう。また、支援する側（DPI日本会議、特にプロジェクトマネージャー）が当事者であるたんぽぽメンバーの主体性を引き出すことを意識的に行い、たんぽぽメンバーに全てのことを実施させたことも、

エンパワーメントとなったといえる。

第2項　APCDプロジェクトから見た相違点

　APCDプロジェクトの独自性である①障害者主体での事業実施、②障害の社会モデルでの事業実施、③当事者団体や国際機関等との強い連携、という3点が他のアプローチを用いても実施可能かどうかを検討する。

　まずキャパシティ・ビルディングに当てはめてみると、上記①及び③について個人及び組織が主体となっているので十分な対応が図られるが、②障害の社会モデルでの事業実施が困難であることが分かる。障害の社会モデルは、障害を個人の属性としてではなく、社会が生み出している障壁と捉える考え方である。つまり、障害の社会モデルでの事業実施というのは、個人、組織、社会を包括的に捉えることが前提となる。それに対してキャパシティ・ビルディングは、カウンターパートとなる個人または組織のみを対象とし、制度や政策の整備、さらには社会システムの改善等を含むその後の持続可能性や発展性までを支援の範囲とはしないため、キャパシティ・ビルディングのアプローチのみでのAPCDプロジェクト実施は不可能といえる。

　次に、ケイパビリティ・アプローチを当てはめて検討する。このアプローチは、個々人の実質的な生活そのものの質や選択の幅によって、暮らしぶりの良さを捉えるアプローチである。個人に着目したアプローチであり、国際協力の中の人間開発に重きを置いている。個々人の生活の質の向上や、実質的な機会の平等を求める中で、社会の変化や政府の役割が重要であるとされているため、社会や政府等の組織への支援の必要性も記している。また、本アプローチは人間の多様性にも焦点を当てているため、障害者と非障害者に二分しないことからインクルーシブなアプローチが可能であり、様々な種別がある障害分野への支援に適している（久野2008：46-47）。しかし、最終的な目標が個々人の暮らしぶりの良さであるため、社会の変革を目指すプロジェクト目標達成の一方法としては有用であるが、ケイパビリティ・アプローチのみでの実施は困難といえる。

　第3に、ソーシャル・キャピタルを当てはめる。ソーシャル・キャピタルは人々の間に内在している目に見えない社会の連帯である。ソーシャル・キャピ

タルは国や地域の社会によって異なるものであり、社会構造を変革させるためには非常に重要な概念である。ソーシャル・キャピタルのターゲットは社会であり、その社会を変化させることで派生的に個人や組織の変化が生まれる。社会構造の変革は、社会の偏見によって差別されている障害者への支援にとって必要不可欠である。しかし、ソーシャル・キャピタルは社会のみに焦点を当てているが同時に個人や組織などのアクターの行為を促すなどキャパシティ・ディベロップメントに最も近い。キャパシティ・ディベロップメントが包括的に捉えている社会の変革にはソーシャル・キャピタルの概念が必須である。

　最後に、エンパワーメントを当てはめる。エンパワーメントもケイパビリティ・アプローチと同様で、支援の対象が人間個人である。特に脆弱な立場にある人を対象としているため、障害分野の支援には有効な手法である。ケイパビリティ・アプローチとは異なり、個人のみならず、個人の集合体である組織もエンパワーメントの対象としている。脆弱な立場にある個人や組織の人々をエンパワーするために、彼らを取り巻く社会の変化の重要性も示されている。エンパワーメントの際に求められる「社会の変化」とは、外発的なエンパワーメントのことを意味し、エンパワーされる個人や組織を取り巻く家族、地域コミュニティ等の差別的な構造の変革である。それが県レベル、国レベルとなっていくことが望ましく、途上国の障害者を支援するためには必要な概念である。しかし、あくまでも脆弱な立場にある個人や組織をターゲット層としているため、外発的なエンパワーメントの対象が国レベルまで到達するのには長期を要すことが想定されるため、APCDが短期間の研修でESCAPと合同で行う各国の政府役人とAPCD研修生が同席する場を設けることなどの必要性を見出すことは難しくなるといえよう。

第2節　障害女性のエンパワーメントとキャパシティ・ディベロップメント

第1項　障害女性をエンパワーするために必要な要素

　上記で取り上げた二つのプロジェクトからわかることは、プロジェクトたんぽぽもAPCDプロジェクトも障害女性に特化した支援ではないということで

ある。どちらのプロジェクトも障害女性に特化はしていないが、当たり前に障害女性に配慮を行っていた結果、一つの成果として障害女性をエンパワーすることにつながった。プロジェクトたんぽぽは、たんぽぽメンバーが男女半数ずつ選出され、さらに男女ともにリーダー的存在の人たちが参加していたこと、対象としていたHIV/AIDSや性感染症という途上国では特に男性にあまり理解をされていない課題を男性と女性が共に一から学んだことが、障害女性にも配慮された事例となったといえよう。APCDプロジェクトは、取り上げた部分は障害女性の研修というプロジェクトの中の一部分ではあるが、プロジェクト発足時にはそのような研修は計画されていなかったことから鑑みても、計画されて行われてきた研修を実施していく上で行われたジェンダー配慮などが問題意識となり、ジェンダー研修につながったといえよう。つまり、個人、組織、社会の全ての段階において、女性を含めた全ての人への配慮を行うことが、障害女性へのエンパワーへとつながるのである。

　では、プロジェクトたんぽぽから障害女性をエンパワーするために必要な要素を述べていく。

　プロジェクトたんぽぽが障害者支援の好事例となりえた要因は、前述のように、これまで支援の受け手であった障害者が支援を提供する側になったことや、啓発活動の対象者を障害者に限定せずに「非識字層の貧困者」としたこと、さらに当事者の主体性を徹底したことで、APCDプロジェクトが意識的に取り組んだ障害の社会モデルが必然的に基礎となっていたことである。障害女性に対する支援も同様に、障害の社会モデルを基礎に置いて、障害女性が主体となって実施することが、途上国の障害女性をエンパワーするための最も重要な要因であろう。それは障害女性のみの支援も必要であるが、プロジェクトたんぽぽのように当たり前に障害女性もメンバーとして事業が実施されることが望ましい。今後国際協力において意識的にも無意識的にも排除されることなく、障害女性をエンパワーすることを目的として支援を行うにあたり、プロジェクトたんぽぽやAPCDプロジェクトの試みから得られた教訓をもとに、キャパシティ・ディベロップメントの視点から以下の3点が今後の障害女性への支援に重要であることがいえる。

　第1に、裨益対象の役割として、主体性を確保するというキャパシティ・ディ

ベロップメントの要素から見ると、支援の案件形成段階から実行、評価という全ての段階において障害者が主体的に参画とすることが必要である。プロジェクトたんぽぽはろう者の方法でろう者主体でHIV/AIDSや感染症について啓発活動を行っていかなければならないと気付き、ろう者が主体となって実施することにより、ろう者だからこそわかる問題を見出し、より効果的にろう者や非識字層の貧困者の抱えている問題を解決する方策を見出した。これはキャパシティ・ディベロップメントの特徴である内発性にも当てはまる。障害女性の抱える問題についても、障害女性が主体となって参画することによって、支援の必要性のより高い状況を見出すことが可能になるだろう。これは障害の主流化の第一段階であり、最終的には当然のこととして障害が全ての案件において配慮されることが求められる。

　第2に、キャパシティ・ディベロップメントの支援対象を包括的に捉えるという要素から見ると、障害当事者のみならず障害者の家族や近隣の人々や地域社会、そして社会の差別構造を同時に変革させる支援を行う必要がある。プロジェクトたんぽぽでも、ろう者主体でプロジェクトを行っていくことに関して関係機関に対して協力を要請したり、たんぽぽメンバーの家族に理解を得るように話し合いを設けたりした。障害女性の支援も、障害女性の抱える問題を認識して障害女性個人をエンパワーすることのみならず、彼女らを取り巻く環境の変革を同時に支援していく必要がある。また、社会の重層構造を変革していくためにも、障害者を取り巻く狭い環境から国レベルの広い環境まで包括的な変化を支援が求められる。

　第3に、支援は長期的視野から行うという要素から見ると、現在JICAが行っている3〜5年という協力期間では短いといえる。プロジェクトたんぽぽとしてJICAの草の根技術協力事業を行ったのは4年半であるが、実際にはその2年前からプロジェクトマネージャーが現地入りして、のちにたんぽぽメンバーとなる地元のろう者たちとコミュニケーションをとっていたことや、草の根技術協力事業終了後も、様々な方法でたんぽぽメンバーとコミュニケーションを継続してとっていることを鑑みても、キャパシティ・ディベロップメントの達成には少なくとも10年以上の長期的な視野が必要であると考えられる。

　上記のような支援を行っていくなかで、「女性」であることを、障害者が抱

える一つの特殊性として捉えることが必要となる。障害には身体、知的、精神など様々な特殊性がある。また、障害者自身も民族や社会的な地位により置かれている状況は一様ではない。障害女性の抱える問題は、一つの特殊性の問題として捉えることが必要であり、障害（者）を一括りにして捉えるのではなく、障害者が抱える特殊性に起因するニーズに合わせて支援の内容や対象者、方法を考えていく必要がある。障害女性に参加促進をするといった配慮もその一環で考えていくべきものである。

　加えて、ターゲット地域の選定の際に、DPIのような世界的な障害者団体に加盟している障害当事者団体や、国内で比較的活発な活動をしている障害者団体が存在する地域を選定する。障害者支援がまだ十分に取り組まれていない現状では、支援を行う地域の順位付けが必要である。順位付けをして支援を進めることで、ターゲット地域から波及して支援の可能地域が増加していくことが見込まれる。そしてターゲット地域の団体と連携を取りながら支援を行うことである。パートナー機関として位置付けることによって、当該地域の障害女性の人数や障害種別等の実情把握に係る情報収集媒体となり、そこから新たなロールモデルの発掘が見込まれる。

　さらに、障害女性の働きが活発化することにより、女性部会の設立や他機関とのネットワーク化から障害女性支援に係る国際的な潮流の把握も可能となる。また、力をつけた障害女性が増えていくことによって、国レベル、地域レベル、コミュニティレベルといった、障害女性を取り巻く社会のあらゆる場で、非障害者や社会との橋渡しをすることが可能になる。これによって、障害女性自身が社会へ働きかけることが可能になり、非障害者や社会がもつ、障害女性であるという社会的認識や位置付けから生じる差別構造にも対応していくことができ得る。

　そして、これらを遂行していくためには、医療従事者が中心となって障害者が裨益者となる、従来の医療リハビリテーション主体の医療モデルでは十分ではないことを認識する必要がある。変わるべきは障害者自身ではなく、不平等や差別を生みだしている社会であり、障害者が主体となって障害者を取り巻く社会環境を変革していく社会モデルを採用した支援を行っていくことが必要である。さらに医療リハビリテーションの支援であっても、機能回復のみを目的

とするのではなく、障害者を主体として彼らを取り巻く社会（家族、地域コミュニティなど）の意識変容にも取り組む必要がある。そして、医療リハビリテーションに女性が参加しやすいように、女性スタッフを配置するといった配慮も重要になる。

　以上のように、障害者自身が活動の主体となり、障害者個々の特殊性に配慮するなかで、女性固有の課題・ニーズを捉えて、それらの解決に向けた支援をしていくことで障害女性が自分に自信がもてるようになり、それが障害女性を内発的にエンパワーすることとなる。そして障害女性を取り巻く社会に対し、彼女たちへの理解を求め、実質的なバリアフリー化の支援をすることで、社会の障害女性に対する差別的な構造や制度、そして人々の態度が変革し、障害女性が受けている差別が緩和されていく。それが障害女性の外発的にエンパワーすることとなる。上記の双方が満たされたときに、障害女性へのエンパワーメントが達成されよう。

　では、実際にどのような配慮を意識的に行うべきか、障害女性支援に必要不可欠な項目を、キャパシティ・ディベロップメントの前段階に行うキャパシティ・ディベロップメント・チェックリストで検討する。

第2項　障害女性をエンパワーするためのキャパシティ・ディベロップメント

　現在の日本のODAの枠組みにおいて、キャパシティ・ディベロップメント手法を導入した障害女性をエンパワーする支援を効果的に行うために、必要不可欠な項目を含めたキャパシティ・ディベロップメントの前段階として行うキャパシティ・ディベロップメント・チェックリストを以下に提案する（表14参照）。ターゲットとする目標を達成するために、事前調査をして個人、組織、社会のそれぞれの状況を把握することで、エントリーポイントを見出す。

　第1段階として、障害女性に特化した支援の場合である。支援のターゲット層が障害女性、障害者団体及び地域コミュニティの場合、個人レベルには障害女性、障害男性、障害者の家族、地域コミュニティの人々が想定される。組織レベルには、地域コミュニティ及び地域の自助組織や障害当事者団体が想定される。そして制度・社会レベルには、地域社会から国家レベルまでが想定される。

表14：障害女性のエンパワーメントに関わるキャパシティ・ディベロップメント・チェックリスト案（対障害女性、障害者団体及び地域コミュニティ）

大項目	中項目	小項目	詳細内容例
前提条件			
個人レベルのキャパシティ	人的資産	リプロダクティブ・ヘルス／ライツの知識	母子保健サービス、家族計画、性感染症対策、妊娠出産の権利、家庭内暴力、女性の健康と選択権
		基本的人権の知識	教育を受ける権利、意思決定をする権利、安全な水の確保、ベーシック・ヒューマンニーズ（BHN）
		女性の知識	月経、妊娠、出産、育児、女性の人権
		ジェンダーの知識	ジェンダーの定義、自国のジェンダー関連の法制度
		障害の知識	バリアフリー、自立生活、自助組織、ピア・カウンセリング
		自国の知識	自国の歴史及び文化（障害者や女性に対する固定観念等）、障害の定義、障害関連の法制度、行政サービス
組織レベルのキャパシティ	組織構成	組織の構成	構成員の男女比率と障害種別の比率、女性部会の存在の有無、幹部の男女比率、政府機関や他団体との関係
		調整能力	外部機関（上位機関、同等レベルの他機関、ドナー、地域コミュニティ、NGO等）との調整能力
		組織の意思決定	リーダーシップ、問題意識及び事業改善に向けた意識の共有度合、意思決定権者の男女比率及び障害者比率
組織レベルのキャパシティ	財務	予算	管理体制、予算の執行、予算の計画
		収入	収入の内訳（予算額）
制度・社会レベルのキャパシティ	制度	法制度	障害者差別禁止法、障害者関連法制度、男女平等関連法制度、障害者の男女別統計
		運用体制	平時運用体制、関連セクターとの連携体制、緊急時・災害時運用体制、バリアフリーなインフラ整備
	社会	パートナーシップ	障害当事者及びその家族への働きかけ、地方政府・コミュニティ等との連携枠組み、障害当事者団体及び女性団体との連携枠組み
		意識	障害者に対する考え方、女性に対する考え方（性的役割分担）

個人レベルのキャパシティでは、母子保健サービス、家族計画といったリプロダクティブ・ヘルス・ライツの知識、月経、妊娠、出産など女性の権利についての女性に関する知識、一般的なジェンダーの知識、自国の障害者や女性に対する固定観念（性的役割分担）などの知識の状況を調査する必要がある。支援のターゲット層が障害女性、彼女らを取り巻く家族や近隣の人々といった、支援を必要としている障害女性に比較的近い人々が対象となるため、より問題の核心に近い結果が出ることが可能になる。

　組織レベルのキャパシティでは、一般的な組織として必要な財務状況に加えて、構成員の男女比率や女性部会の存在、リーダー的な役割を担う組織の幹部の男女比率といった組織の構成状況、組織としての意思決定をする権利を有する人の男女比率といった組織の意思決定の状況の調査が必要である。特に意思決定に関係する状況は、組織の方向性などに大きく影響を及ぼすため、構成員に女性がいても、意思決定の権利を有する者の中に女性がいないと全く女性に配慮されない、女性がどのような問題を抱えているかわからない組織である可能性が高くなるので重要である。

　制度・社会レベルのキャパシティでは、障害者差別禁止法や男女平等関連の法制度の整備状況や、社会の障害者や女性に対する考え方という意識面も調査する必要があるといえる。対障害女性や地域コミュニティにおいてはどこまでを社会レベルの範囲に含めるかによって、調査の方法が異なる。社会レベルは必ずしも一国単位で捉える必要はなく、対象地域コミュニティの含む村単位、町単位、また地方行政レベルの範囲まででも十分にキャパシティ・ディベロップメント手法を活用できるだろう。

　実際に国勢調査などの統計を調べてみると、個人レベルはおろか、制度・社会レベルのキャパシティの一つである制度の中の障害者の男女比率さえ不明な国が多いことがわかる。個人のレベルでは、障害者は隠されていることが多く、政府レベルでは正確な統計を取る方法が確立されていないため、仮に国勢調査が行われたとしても隠された障害者を見つけることができない状況であり、正確な障害者の数を把握していないことが見受けられる。障害者に対する考え方という社会の意識の部分の変革は容易ではなく、非常に繊細な部分となるため、当事者や家族の気持ちを把握できない人が調査に行っても成果が出る可能性は

極めて低い。そのため、調査の段階から当事者である障害女性を組み込んでいくことがより効果的に障害女性をエンパワーすることが可能になるといえよう。

将来的には、障害分野の支援やジェンダーの支援、そしてコミュニティ開発などの障害に特化していない支援においても表14のようなキャパシティ・ディベロップメントの手法を使った内容をしっかりと事前に調査した上で案件が計画、実施されることが望まれる。

第3節　有効な障害分野支援のためのキャパシティ・ディベロップメント

第1項　国際協力における障害分野支援の重要性

前節で述べた障害女性のエンパワーメントを確保するためには、国際協力の中で障害分野の支援が当然に行われるようになることが必須である。既に何度も述べているが、日本は2014年1月に障害者権利条約を批准したため、法的拘束力がない条文であるとしても第32条の国際協力の実施が当然に求められる。日本のODAは要請主義を掲げているため、「ニーズの少ない課題」が排除される傾向にある。マイノリティである障害分野の支援はまさにその「ニーズの少ない課題」に該当するわけだが、それは障害分野の支援の裨益者が障害者のみであるという固定観念があるためである。そのような固定観念を覆すのは非常に難しく、さらにこれまでの国際協力において「決して障害者を排除しているわけではない」と実際は無意識に排除しているにもかかわらず、排除している事実を認めない行政機関の姿勢がまた支援を難しくしている。障害者のためだけの支援ではなく、全ての人のための支援なのである。マイノリティをグループに分けると「障害者」という大きなグループだが、決して一辺倒の支援では対応できないほどの障害種別があり、それらに対応していくことが政策の谷間に入ってしまっている不可視化されている人々の可視化につながっていく。

障害分野の支援を進めていくためには、障害者自身が国際協力に参画することが必要である。ただ国際会議に出席する、現場に同行するというのではなく、障害者がこれまで置かれてきた状況を十分に考慮した上で、参画するこ

とに試みなければならない。コールスによると、貧乏に加えて、これまで疎外されてきたといった差別や無力感の経験が重なると、自分に対する感覚や何かを変える力が衝撃を与えてしまう（Coles 1986）。つまり、人間個人として最も身近なことである「今日何を着るか」、「何を食べるか」といったごく当たり前のことでさえも家族や親戚などの周りの人に決められてきた人は、自分で決める、自分で何かができるという感情を育んでこられなかったために自尊感情（self-esteem）が乏しく、また自分の考えや感情を歪めて伝えてしまう防衛機制（coping mechanism）を発達させる傾向があるため、参画することが特に難しくなる。途上国の農村地域に居住する障害者は特にこのような傾向があると考えられるため、彼ら／彼女らの心に自分が属する文化に対する強いアイデンティティを育てることが必要である。それはつまり、彼ら／彼女らがコミュニティの一員であることを意識させることである。帰属意識を養うことによって、彼女らの文化の歴史や貧困、差別のルーツに直面することになる。

　これは、パウロ・フレイレが名付けた「意識化（conscientization）[2]」のプロセスである。文化が異なれば、労働を担う子どもの年齢や性的役割分担が異なるため、障害男性、障害女性を参画させるためのプロセスも異なってくる（フレイレ 1979：1）。本書では障害者に焦点を当てているが、自尊感情が乏しくなるような状況に置かれている人々は障害者以外にも数多く存在する可能性があるため、このような意識化のプロセスなどを取り入れながら支援を行うことで、その後予想していなかった人々に裨益をもたらす可能性が高い。キャパシティ・ディベロップメントの概念を導入し、支援する国や地域の障害者に対する意識、性的役割分担などを調査した上で全てのプロジェクトを実施していくことで、これまでの支援の中でターゲット層から抜け落ちていた人々が見えてくる。

　例えば視覚障害者に対する配慮を支援の中で行うことで、高齢化で目が見にくくなった人にも裨益する。車いすの人が利用できるようなバリアフリーの建物を造ることで、足をけがした人、大きな鞄を持っている人、ベビーカーを押す人など多くの人に裨益する。一見車いす利用者のためだけにバリアフリーにするのはお金がかかると思われがちであるが、その費用対効果はとても大きい。金額のみではなく、介助者が必要な障害のある専門家に海外に行ってもらうときには、1人の障害当事者の専門家に対して2人以上の経費が必要になること

もあるが、その専門家が現地に行くことによる支援のインパクトは想像以上に大きく、想定以上の結果を出すことがプロジェクトたんぽぽや APCD プロジェクトの事例を見るだけでもわかることである。

第2項　障害分野支援のためのキャパシティ・ディベロップメント

　前項の障害女性のエンパワーメントに関わるチェックリスト案「対障害女性、障害者団体及び地域コミュニティ」（表14）とは異なるターゲット層である「途上国政府」のキャパシティ・ディベロップメント・チェックリストを提示する（表15参照）。ターゲット層が「途上国政府」となる支援は、特に ODA の技術協力で行われるため、2国間の支援では割合が多く重要である。個人レベルの対象が途上国政府の役人であるため、より国際社会の動向や、障害及びジェンダーのより広範囲な知識、そして国内の障害関係の状況の知識や認識に関して調査する必要がある。

　表14と異なる点は4点ある。まず「障害の知識」という項目の中に、国内の障害分野の状況と国際的な障害分野の状況を入れ、総体的に障害分野の知識の状況を見ようとしている。次に、障害の知識と同様であるが、「ジェンダーの知識」という項目の中に、国内のジェンダーの状況と国際的なジェンダーの状況に関する内容を入れている。第3に、「障害女性の知識」を入れた点が表14とは大きく異なる点である。ターゲットとしている目標が障害女性に特化したものでなかったとしても、事前調査の中で具体的に障害女性について調べることで、障害女性も当たり前にプロジェクトのターゲット層に含まれていることを暗に示すことができる。そして第4に、「意識」についての調査である。障害分野の支援をする場合の想定であるため、当然に相手政府の役人は社会保障や社会開発の担当の省庁であると考えられる。その担当省庁の役人が障害者に対してどのような考え方を持っているのか、医療モデル的な考え方なのか社会モデル的な考え方なのか、このことが事前に調査できているとより確実なプロジェクトのエントリーポイントを見出すことが可能になるといえよう。しかし、事前調査時とプロジェクト実施時の省庁の担当者が変わる可能性があることも念頭に置いておく必要がある。

　また、表14と比較して、組織レベルの項目もより綿密な調査と評価が政府

表 15：障害者のエンパワーメントに関わるキャパシティ・ディベロップメント・チェックリスト案（対途上国政府）

大項目	中項目	小項目	詳細内容例
前提条件			
個人レベルのキャパシティ	人的資産	障害の知識	自国の障害に関する法制度、国際社会の障害分野に関する法制度（障害者等）、バリアフリー、自立生活
		ジェンダーの知識	リプロダクティブ・ヘルス・ライツ、自国のジェンダー関連の法制度、女性の人権
		障害女性の知識	強制的な子宮摘出手術、性的暴力、不可視化された存在、意思決定の排除
		社会参加	障害者に対する考え方
組織レベルのキャパシティ	組織構成	組織の構成	部局ごとの配置担当数（男女比率、障害者数）、中央機関と地方機関の関係、組織図
組織レベルのキャパシティ	組織構成	組織の決定能力	責任感、リーダーシップ、問題意識及び事業改善に向けた意識の共有度合、意思決定権者の男女比率及び障害者比率
		調整能力	外部機関（上位機関、同等レベルの他機関、ドナー、下位機関、地方政府、NGO、コミュニティ等）との調整能力
		人材管理	障害に関する職員研修システム、ジェンダーに関する職員研修システム、障害者雇用システム
	物的資産	建物のバリアフリー	スロープ、障害者用トイレの設置、点字・手話通訳等情報共有ツール
	財務	予算	予算決定メカニズム、予算の執行、予算の計画、管理体制
		収入	収入の内訳（予算額）
	知的資産	各種統計情報	障害者統計（男女別、障害種別）、作成頻度、情報の正確性、障害の定義、アクセスの容易さ（音声の有無）
		マニュアル、文献	障害に関わる文献、ジェンダーに関わる文献
制度・社会レベルのキャパシティ	制度	法制度	障害者差別禁止法、障害者関連法制度、男女平等関連法制度
		運用体制	平時運用体制、関連セクターとの連携体制、緊急時・災害時運用体制、バリアフリーなインフラ整備、インクルーシブ教育
	社会	パートナーシップ	障害当事者及びその家族への働きかけ、地方政府・コミュニティ等との連携枠組み、障害当事者団体及び女性団体との連携枠組み
		意識	障害者に対する考え方、女性に対する考え方（性的役割分担）

出典：筆者作成

には求められる。対象が地域コミュニティや障害者団体ではなく担当省庁になるため、情報収集が困難になる可能性も高い。制度・社会レベルでは、対象地域とその国の一般的な情報を両方収集する必要があろう。国によっては地方行政の力が強いところもあり、地方ごとに法制度や運用体制が異なるところもある。もちろんその国の政府が国際関係上、国家として取組みを強化する課題などが出ると地方行政へも影響が出てくるため、しっかりと国の状況も調べることが重要である。意識に関しては、対象国によっては文化の影響が非常に強く、障害者に対する意識や性的役割分担の考え方を調査しないで支援を実施すると、支援の目標達成への大きな阻害要因になることが予想される。反対に考えると、キャパシティ・ディベロップメントの概念を導入し、丁寧に個人、組織、社会の調査をした上で、それぞれに対する支援を行いながら目標に向かったプロジェクトを実施していくことが、障害分野支援には必要不可欠であるといえよう。

　対途上国政府の個人レベルは、対障害女性、障害者団体及び地域コミュニティの個人レベルと比較して、国や地方行政の政策実施に直結する可能性が非常に高い一方で、内政干渉になってしまう可能性も高いため、丁寧な調査や相手国政府との信頼関係を築く必要がある。プロジェクトたんぽぽでも、ペルナンブコ州保健局との関係構築が非常に丁寧に行われ、信頼関係が築き上げられたこともプロジェクトの成功の要因であった。APCDプロジェクトも関係省庁との信頼関係構築に力が注がれていた。

第4節　障害者支援に対するキャパシティ・ディベロップメントの効果と限界

　先にも述べたが、障害女性を内発的にエンパワーすることは、障害女性自身という、個人をエンパワーすることを意味する。そして障害女性を外発的にエンパワーすることは、彼女らを取り巻く家族や近隣の人々、及び地域コミュニティといった組織、そして彼女らを差別の対象として見る社会の構造や法制度の変革を指す。つまり内発的、外発的にエンパワーすることが達成されて初めて障害女性はエンパワーされる。国際協力において障害者がエンパワーされる

には、個人の内発性、そして内発的、外発的なエンパワーメントを包括的に捉えるキャパシティ・ディベロップメント概念が不可欠である。障害者のような不可視化された人々をエンパワーするためには、その社会の意識変容が求められることから、包括的な捉え方が必要である。法制度のみが整備されたとしても、それらの制度が実施され、実質的に障害当事者に届かなければ生活に変化は起こらない。また、障害当事者も社会の変革をただ待つだけでは変革は見込まれないため、自らが社会を変革しようという意思をもち、周囲に働きかける努力が必要となる。これまで社会で非常に低い地位におかれ、不可視化され排除され続けた障害女性を対象とすることで、個人のキャパシティ・ディベロップメントの内発性は十分に見込まれ、大きな効果が創出する。

　しかし、障害者を取り巻く人々や環境、法制度まで包括的に捉えているキャパシティ・ディベロップメントを達成するのは、現在のドナーの状況では極めて困難であるといえよう。その問題点としては、障害女性支援の方法が確立されていない点や、キャパシティ・ディベロップメントの評価指標が確立されてない点である。具体的には、側面支援する側のドナーが障害者（特に障害女性）の問題を認識していないことや、ドナーの中において障害者に対する差別の意識構造が存在する点などが課題である。

　障害者が差別されている事実は、途上国のみならずドナーである先進諸国においても存在する。先進諸国において差別が撤廃されない状態で、非障害者が途上国でファシリテーターとして支援をすることには限界がある。差別の意識構造が存在する現在においては、まず障害分野の支援の計画立案の段階から、実施、評価までの全段階に障害者の参画を実行することである。参画する障害者の数は男女同数とは言わないまでも、大きな偏りがないようにすることが望ましい。障害者と共に働くことで、途上国への支援を行いながらドナー自身も障害者に対する偏見や差別を生み出す社会構造を変革していくことが同時並行で実施することが可能になる。

　障害者をエンパワーすることを目的としてキャパシティ・ディベロップメントの概念を導入した支援の成果創出は、現在の日本のODAの中で評価するのであれば、他分野の支援の成果創出よりも相当に長期を要する。しかし、障害者のようなこれまで無意識に支援の対象から排除されてきた不可視化された

人々へのキャパシティ・ディベロップメントが達成されれば、障害者として認識されないような難病の人など他の不可視化されているマイノリティに対する支援の方法も見出せることが予想されるため、真の「人間の安全保障」への目標達成へ近づくだろう。つまり、障害者や障害女性だけが支援対象として注目されるべきなのではなく、数多くいるマイノリティの問題を解決していくための1例として取り上げているに過ぎない。より疎外されているマイノリティに焦点を当てることで、他の人々も救われることになるが、それぞれの固有な問題を理解しなければならないことを認識しなければならない。通り一遍の方法では、マイノリティの問題は解決しないのである。

さらに、ドナーの中にある障害者と非障害者という二分のカテゴリー化の構造が解消されない限り障害の主流化は難しく、従って障害者をエンパワーすることも極めて困難となり、キャパシティ・ディベロップメントの概念を用いて支援を実施したとしても、成果を得るのには限界が出てくるだろう。障害女性に関して言えば、ドナーは障害女性の抱える問題が女性・ジェンダー問題の一つであることを認識する必要がある。

しかし、障害分野の支援と女性・ジェンダー支援が十分に行われれば、障害女性に焦点を当てる必要がなくなるわけではない。まず、障害女性が抱える特有の問題が存在することをドナーが認識すること、そして障害の主流化とジェンダー主流化が達成されても障害女性の問題は解決されないことを認識しなければ、これも上記と同様にキャパシティ・ディベロップメントの概念を用いても支援の成果は一定程度しか出ない限界といえる。

注

1 一部の途上国では、貧困等の理由で平均寿命が短く、HIV/AIDS が原因で死亡していることを知らない人も多い。また、処女と性交渉を行えば HIV/AIDS が治ると信じられているところもあり、障害女性イコール処女と考えられて障害女性の性的暴力の被害が相次いでいる。

2 「意識化」はフレイレの実践と理論の最重要概念である。抑圧され、非人間化され、「沈黙の文化」の中に埋没させられている民衆が、「調整者」（単なる教師ではなく、民衆の苦悩と希望を共有することによって自らの人間化を求めようとする「ラディカルズ」）の協力を得て、対話や集団討論──すなわち、学習によって自らと他者、

あるいは現実世界との関係性を認識し意味化する力を獲得しながら、自らと他者あるいは現実世界との関係を変革し人間化しようとする自己解放と同時に相互開放の実践、といったダイナミックな意味で使っている（フレイレ2002：1）。

第6章
国際協力におけるキャパシティ・ディベロップメントの有効性

第1節　キャパシティ・ディベロップメントの課題

　障害分野支援にキャパシティ・ディベロップメント概念を導入することは、効果的であるが一定の配慮が必要であることが見出された。このようなキャパシティ・ディベロップメントの概念を導入して障害者（特に障害女性）をエンパワーすることを目的とする支援が、日本のODAの中でも行われることが必要である。つまり国際協力において、障害者や障害女性に限らず、他の不可視化されているマイノリティの人々も含めた「すべての人々」に対して支援することが求められるのである。

　障害女性への支援は、ジェンダー支援と障害分野支援の組み合わせで賄えると多くの人に認識されてしまっているため、分野横断的な課題の一つとして捉えられている。ODA大綱を始めとする規約等には、敢えて「障害者」という文言で表現しなくとも当たり前に障害者も支援のターゲット層として含まれているはずであると政府側は考えているが、実際には明記されていないマイノリティたちは支援の重点課題として捉えられていないのが現状である。つまり、日本のODA大綱では「社会的弱者」という文言ですべてのマイノリティをまとめて表現をしているため、「障害者」ですら文言に明示されていないため、被援助国に対して障害者や他のマイノリティへの支援が重要であることのアピールも行われない。そのため途上国の中では障害者への支援は優先順位の中に入らないのである。さらに、日本のODAは要請主義を理念として掲げていることから、途上国側が仮にマイノリティへの支援の重要性は理解していたとしても、限りある要請の枠に障害者をはじめとするマイノリティへの支援を入れてくる国はごく僅かなのが現状である。

　つまり、日本のODAにキャパシティ・ディベロップメントの概念を導入しても、マイノリティ支援へのプライオリティの向上や要請主義理念の変更がない限り、キャパシティ・ディベロップメントの概念を必要としているマイノリティへキャパシティ・ディベロップメントの支援が届くのは一定の人々に限定されることになる。その上、このようなレベルの支援を日本のODAの中で行うことは、現在のODA大綱の中では困難であり、効果向上の手法としてキャパシティ・ディベロッ

プメントを導入してもその支援には限界があり、「特別大きな効果を創出できる概念である」というのは困難であるといえよう。

　キャパシティ・ディベロップメントの概念は近年国際社会で大きく取り入れられたものであるが、その内容は、これまでに国際協力の中で用いられてきた概念や手法に既に含まれていたものであることが第1章において明らかになった。キャパシティ・ビルディングは裨益者へ課題解決のために必要な能力を見出す手法であるため、キャパシティ・ディベロップメントとその目的は類似している。しかし、キャパシティ・ディベロップメントは裨益者の内発性を引き出すためにドナーにファシリテーターの役割を課しているが、キャパシティ・ビルディングはトップダウンの方法で支援を行うため、必要なキャパシティを移転するとい方法を取っている。この方法では被援助国に主体的に問題解決ができるような環境が整っているとは言い難く、キャパシティ・ビルディングのアプローチでは一定の効果しか見込まれないといえよう。

　ケイパビリティ・アプローチでは、個人、組織、社会といった複数の層への視点で支援を行うべきことが記されていることから、包括的な取組みを行う点がキャパシティ・ディベロップメントの概念と同様である。また包括的な開発アプローチも、構造面、人的側面、物理的側面、特定の戦略といった四つの枠組みから成る開発効果達成の手段及びプロセスであるため、キャパシティ・ディベロップメントとは用いる用語が異なるものの、意味するところは非常に類似している。エンパワーメントも、個人の気付きや能力開発のように個人に焦点を当てているが、社会環境の整備という社会の変革も求めていく点がキャパシティ・ディベロップメントの方向性と極めて近い。

　このような既にあるアプローチを組み合わせたような概念が今なぜ大きく取り上げられ、潮流となっているのか。それはODAの理念や手法を改革すべきであるという政治的意図があると考えられる。障害者のようなマイノリティの人々は、要請主義という理念のもとに置かれると、相手国政府からの協力要請が出にくいため、支援の数が増えていかない。また、障害者への支援は自国の福祉政策で行うものと考えられていることもあり、内政干渉であるとみなされがちである。つまり、現在のODA理念の変革なしには、キャパシティ・ディベロップメントをODAに導入しても障害者支援への反映にはつながらない。

またキャパシティ・ディベロップメントを援助の概念として導入することは、すなわち個人、組織、制度・社会を包括的に捉え、すべての段階の状況の進捗状況を踏まえてキャパシティ・ディベロップメントの達成の有無を評価することになる。

　国際協力にはいくつかの種類があるが、本書で対象としているODAは、日本国政府が国民の納めた税金を利用して被援助国に対して援助を行っている。協力方法も当然に様々であるが、日本国内で行われていないことを被援助国に対して支援することは極めて困難である。それは、これまでの歴史を踏まえて同じ歴史を辿らないように、新たな方法を被援助国に合わせて支援することとは異なる。

　国民個々人の意識変容の結果として、組織や制度・社会が変化することがキャパシティ・ディベロップメント概念の最終的な目標である。つまり最終的には政府が意識の変化をすることにより、新しい法制度の成立や既存の法制度の改正が行われ、その新しい制度の実施が国民一人ひとりにまで波及して生活が変化することが、ODAの効果向上につながるのである。しかし、特筆すべき点として、政府介入ができるのは民主主義国家であることが大前提である。つまり、キャパシティ・ディベロップメントを援助の概念として用い、その達成を見込むためには、ODAにおいて被援助国の民主化を同時に推進していくことも重要であることを意味している。経済成長から貧困を計るのではなく、人間の安全保障や人々の生計状況等の観点から貧困を計るのが現在の国際協力の主流となっており、脆弱な立場にいる人も含めた「すべての人」がその支援対象となっている。国際社会の提案するキャパシティ・ディベロップメントの概念をそのまま日本の国際協力に導入することで、その目標を達成することには課題が残る。

第2節　援助効果向上のためのキャパシティ・ディベロップメントの有効性

　障害女性をエンパワーすることを日本のODAからみてキャパシティ・ディベロップメント概念の導入が効果的であるかどうかを検討してきた結果、日本のODAや日本の社会構造の変革が必要であることが明確となった。キャパシティ・ディベロップメントの概念を日本の支援の概念の一つに取り入れる場合、それは自然と日本のODA政策に対して変化を求めているといえる。その第1は、要請

主義といった理念や協力期間など既存のODA概念を変化させる必要がある。さらにキャパシティ・ディベロップメント手法を真に理解し、その手法を用いて援助をする援助機関の職員育成が重要な項目といえよう。

日本の国際協力は、他の先進諸国とは異なり、日本自身も途上国としてアメリカなどの国から援助を受けていた経験を有する特徴があることから、途上国が持続可能性をもってその国なりの発展をしていくためには何が必要か、他のドナーより理解できている。そのため、ODA理念には自助努力や要請主義といった、途上国自身が必要としていることを認識した上で技術や資金を提供するという援助を行ってきており、キャパシティ・ディベロップメントの概念の中で重要とされている「オーナーシップ」は既に日本の援助の中には存在している。途上国側がインセンティブをもつような支援をすることや、知識をつけることは、これまで日本のODA政策の中で敢えて文章化されてこなかったが、これまでの援助の中で当然に行われてきたことである。もちろん、途上国の主体を包括的に捉えることや、ドナーがファシリテーターとしての役割を担うことなどは、日本の援助にとっても新しい概念であるが、他のドナー国や国際機関がキャパシティ・ディベロップメントという概念を大きく取り上げるように、日本がキャパシティ・ディベロップメントを援助方法の中に取り上げる必要はなかったともいえる。しかし、キャパシティ・ディベロップメントを国際社会との協調関係から日本のODAにも取り入れる必要が生じており、今後日本は次の3点を実施することにより、援助効果の向上を図ることが期待される。

第1に、「支援方法の改革」である。キャパシティ・ディベロップメントの概念を用いてプロジェクトの目標達成を見込むためには相当長期間が必要であるため、プロジェクト援助からプログラム援助への移行が必要となる。或いは、プロジェクト援助の場合でも、プロジェクト期間の設定をより長いものにする、またはフォローアップなどの支援の延長が可能となるシステム構築の必要がある。そのためには独自の評価手法が必要となり、またモニタリングの強化も求められる。

キャパシティ・ディベロップメントは、先述のように、欧米ドナーのアフリカに対する援助の失敗から援助の効果が問われ、その反省として援助効果向上に向けて新たに出された概念である。一方日本は、アジア地域を中心とした援助を行ってきており、援助によるアジア地域の発展は目覚ましい。JICAでは欧米ドナーと

の足並みを合わせて、プログラム方式の援助を行う方向にあるようだが、日本は政府間援助（技術協力プロジェクト）と草の根技術協力（市民参加）を組み合わせるといった日本独自の援助手法を構築するほうが、より効率性の高い援助を実施できるだろう。さらに、評価方法の改革及び決定も必要である。キャパシティ・ディベロップメントはまだ新しい概念であるため、その評価方法が確立されていない。これまでの支援期間である3年から5年とは異なり、キャパシティ・ディベロップメント手法では10年以上の長期的視野で支援を実施することになる。支援の分野によっては20年以上かかることも予想されるため、どの段階でどの程度の目標が達成されていれば最終的な目標達成の可能性が見出せるのか、といったことが明確になる評価手法を構築する必要がある。また、主要なドナーの中でキャパシティ・ディベロップメントは技術協力での概念となっているが、草の根技術協力のNGO提案の支援においても当然に必要な概念となる。加えて、キャパシティ・アセスメントを取り入れた事前調査を取り入れる必要がある。従来のポイントを絞った事前調査と比較して個人、組織、制度・社会と複数の段階になるため調査範囲が拡大することから、事前調査への比重を大きくする必要が出てくる。このように、キャパシティ・ディベロップメントの概念を用いて援助効果を向上させるためには支援方法の改革が必須となってくる。

　第2に、「横のつながりの強化」である。JICAは日本のODAの実施機関の一つであるが、JICAが関係する省庁が複数存在する。その省庁間の横のつながりが、JICA内の横のつながりに影響を及ぼし、プログラム援助実施可能性を左右している。しかし省庁間の連携は容易なことではなく、権限が一元化された機関の設立が最も効率的な方法であると考えられる。独立した国際協力庁などといった機関が設立されれば、省庁間の争いに左右されず、独自の予算で責任をもって援助を行うことが可能となる。また横のつながりとしてもう一つ重要であるのが、ドナー機関と研究者やNGO関係者との連携の強化である。援助の現場とアカデミックの世界は異なるという意見もあるが、客観的なアカデミックの意見も援助の方法を構築していくためには必要である。また、NGOのような草の根で活動している人々と連携を深めることによって、新たな視点が見出せたり、真に必要とする支援が明確になったりする。

　そして第3に、「ドナー機関の意識改革」である。キャパシティ・ディベロップ

メントの概念で目標を実現させるためには、その概念を使用するドナー機関の育成が必須である。上記に挙げた支援方法の改革や、横のつながりの強化も、その必要性をドナーが認識できるかが重要である。日本は他ドナーと比較してNGOとの連携が希薄であることも理由の一つであるといえるが、本当に援助を必要としている不可視化されたマイノリティの人々に援助が届いていないことを認識することが重要である。より現場に近いところで日々働いているNGOとの連携は、意識改革につながり見落とされがちな人々への支援を可能にする。

　以上のことから、キャパシティ・ディベロップメント概念は援助効果向上の可能性は高いが、日本のODAの援助効果を向上させるためには、現況のODA大綱、さらに差別意識の強いドナーの構造がその手法を有効に働かせるための阻害要因になっている。まずODA大綱を改訂し、より柔軟性のある援助方法が可能になることが必要である。効率性を求め援助の手法は効果の出にくい人々を見落とし、排除しがちである。不可視化されている人々をいかに見つけ出し、援助の対象として取り上げていくか、そのためにドナーの意識構造をどのように変革していくかが、今後国際協力の中でキャパシティ・ディベロップメント概念を導入していく際に考えるべき重要な点になるだろう。不可視化されている人々を主体としてキャパシティ・ディベロップメント概念を導入して援助を行っていくことは、非常に長期を要することが予想されるため非効率的な方法のように見えるが、その波及効果を考えると結果的には援助効果を向上させる最も効率的な方法になり得るといえよう。

終章

おわりに──今後の展望

本書は、キャパシティ・ディベロップメントの概念をツールとして日本のODA政策を分析し、さらに障害女性へのエンパワーメントという視点から、日本のODAにおいてキャパシティ・ディベロップメントが援助効果向上の一助となり得るかを分析している。

　第1章では、キャパシティ・ディベロップメントとは何かを定義づけるために、キャパシティとは何かという段階から分析し、さらにキャパシティ・ビルディング、ケイパビリティ・アプローチ、ソーシャル・キャピタル、エンパワーメントといったこれまで国際協力で用いられてきた他のアプローチや概念を比較対象としてキャパシティ・ディベロップメントとの相違点を見出した。

　キャパシティ・ディベロップメントは特別新しい概念というわけではなく、比較対象となっているアプローチと類似点が多くあるが、その特徴としては4点挙げられる。それは、①支援の対象を個人や組織のみに焦点を当てるのではなく、個人、組織、社会・制度を包括的に捉えること、②ドナーはファシリテーターの役割を担い、③裨益者の内発性を引き出すような支援をすること、そして④10年以上の長期的な視野をもって支援をすることである。このキャパシティ・ディベロップメントの概念は欧米のドナーから提唱された概念であるため、日本のODA及び援助手法を変革させなければ、キャパシティ・ディベロップメントの概念を導入して援助効果を向上させることにはつながらないのではないか、援助効果向上につながらない日本のODAの課題は何かという視点から分析を試みた。

　さらに第2章及び第3では、キャパシティ・ディベロップメントの手法そのものがこれまでの援助の中でターゲット層とされてこなかったような人々に対しても有効な支援ができるのか、という視点でターゲット層を途上国の障害者、特に障害女性に焦点を当てた。ここでは、キャパシティ・ディベロップメントが障害女性をエンパワーすることにつながるかどうかを検証するために、国際協力における障害分野の支援、特に障害女性に焦点を当て、JICAを始めとするドナー機関の動向を検証した上で、国際社会、アジア太平洋地域、そして日本という三つの規模の異なる社会における障害分野の施策を障害女性に焦点を当てながら概説した。

　続く第4章では、事例研究としてDPI日本会議がJICAの草の根技術協力支援で行った「プロジェクトたんぽぽ」を取り上げた。キャパシティ・ディベロップ

メントは障害女性を始めとする不可視化されているマイノリティをエンパワーする有効な概念であるが、日本の ODA の中ではキャパシティ・ディベロップメントの概念のみでは不十分であり、個々の人間のニーズに合わせた配慮が必要である点を詳述した。

　マイノリティの中でも障害女性に焦点を当てたのは、障害者の中でも障害男性より多くの差別を受けている存在であるが、国際協力のターゲット層からは無意識のうちに外されていることが多いこと、その反面障害女性は障害者の約半数を占めるため、マイノリティと呼ばれる人々の中では比較的に総数が大きいためである。キャパシティ・ディベロップメントの概念がマイノリティの中でも総数の大きい人々への支援に効果的に働かなければ、他の総数の少ないマイノリティには到底効果的に働かないと考えたためである。

　障害女性へのエンパワーメントを日本の ODA からみてキャパシティ・ディベロップメントが有効であるのかどうかという視点から本書では用いたが、キャパシティ・ディベロップメントの本質を見出すためには一定の層に焦点を当てるのではなく、社会全体を通してキャパシティ・ディベロップメントを検証していかなければならないことが分かった。この点の詳しい考察は別稿に譲ることとする。

　キャパシティ・ディベロップメントは JICA においても他のドナー機関においても曖昧な点が多いため、今後さらに具体的な評価方法やその指標を構築していくことが必要であると考えられる。キャパシティ・ディベロップメントをより明確な援助概念にしていく中で、社会全体を捉えながら、日本の援助に合わせた独自の手法を築き上げることで、より質の高い支援を提供でき、日本の援助効果が向上するだろう。

　本書の出版直前に、ODA 大綱が改訂され、名称が「開発協力大綱」と変更された。改訂内容に「軍事利用」が可能になったことから非常に注目されているが、障害分野支援の観点では、基本方針の「イ　人間の安全保障の推進」の中で「障害者」と明記されたこと、さらに「Ⅲ　実施　イ　開発協力の適正性確保のための原則」の「（オ）公正性の確保・社会的弱者への配慮」の中でも「障害者」と明記されたことは大きな前進であると考えている。記載されただけでは何も変わらないと言われたりするが、記載されず「社会的弱者」という文言のみでは具体的な支援や配慮は受けられないのが現実である。障害者権利条約を批准し、開発

協力大綱でも「障害者」が明記されたことから、今後の日本の国際協力に期待が高まるところである。「すべての人に裨益する」効果的な支援を目指して今後も取り組んでいきたい。

　本書の原文である博士論文執筆の際には、指導教員であった池田龍彦先生、副指導教員であった小池治先生、奥山恭子先生、そして木全洋一郎さんに貴重なご指導を頂いた。また、本書を執筆するに当たって、編集担当の現代書館の小林律子さんに大変お世話になった。また中西由起子さん、米津知子さん、盛上真美さん、本田俊一郎さん、掛江朋子さんには多くのアドバイスや励ましの言葉を頂いた。謹んでお礼を申し上げたい。

　最後に、本書は横浜国立大学社会科学系80周年記念（鎗田基金）の出版助成を得ることで刊行することができた。鎗田氏に感謝の意を表したい。

2015年2月末日　　　　　　　　　　　　　　　　　　　　　　　　　著者

参考文献

青柳幸一（2008）「障碍をもつ人の憲法上の権利と『合理的配慮』」『筑波ロー・ジャーナル』4号：55-105.

伊藤智佳子（2004）『女性障害者とジェンダー』一橋出版.

上田敏（2005）『ICF（国際生活機能分類）の理解と活用——人が「生きること」「生きることの困難（障害）をどうとらえるか』KSブックレット No.5　きょうされん.

江原裕美編（2003）『内発的発展と教育——人間主体の社会変革とNGOの地平』新評論.

大曽根寛・小沢温編（2005）『障害者福祉論』財団法人放送大学教育振興会.

大野泉・大野健一（2000）「途上国に欧米基準をもちこめるのか　世界銀行・IMF・WTO政策への疑問」『世界』2000年8月、pp.241-251.

越智薫（2008）「日本の技術協力における障害者のメインストリーミング」『アジ研ワールド・トレンド』第14巻第6号（通巻153号）、pp.18-21.

落合雄彦・金田知子編（2007）龍谷大学国際社会文化研究所叢書4『アフリカの医療・障害・ジェンダー——ナイジェリア社会への新たな複眼的アプローチ』晃洋書房.

オレイリー・アーサー（2007）『ディーセント・ワークへの障害者の権利』松井亮輔監修、国際労働事務局.

外務省（2008）『政府開発援助（ODA）白書　日本の国際協力』.

外務省国際協力局（2009）『平成21年度国際協力重点方針』.

勝間靖（2000）「アプローチとしてのPLA」プロジェクトPLA『続・入門社会開発——PLA：住民主体の学習と行動による開発』国際開発ジャーナル社.

川島聡・長瀬修仮訳（2007）「障害のある人の権利に関する条約」

川村匡由・米山岳廣編（2005）シリーズ・21世紀の社会福祉④「害者福祉論」ミネルヴァ書房.

神田道男・桑島京子（2008）「技術協力の新たな枠組みとJICA調査研究——キャパシティ・ディベロップメントと人間の安全保障の観点から」『国際協力研究』第21巻第1号、pp.1-18.

木下真理子（2005）「JICAの取り組み」国際開発高等教育機構編、外務省委託　平成17年度NGO研究会（障害分野）『人間の安全保障を踏まえた障害分野の取り組み——国際協力の現状と課題』.

久木田純・渡辺文夫編（1998）「エンパワーメント　人間尊重の新しいパラダイム」『現代のエスプリ』第376号、凸版印刷.

久野研二、David Saddon（2003）『開発における障害（者）分野のTwin-Track Approachの実現に向けて：「開発の障害分析」と「Community-Based Rehabilitation: CBR」の現状と課題、そして効果的な実践についての考察』国際協力事業団国際協力総合研修所.

久野研二(2008)「開発援助と障害――政策実践のためのフレームワーク」森壮也編『障害と開発　途上国の障害当事者と社会』アジア経済研究所.

久野研二・中西由起子(2004)『リハビリテーション国際協力入門』三輪書店.

久保田真弓(2005)「エンパワーメントにみるジェンダー平等と公正――対話の実現に向けて」『国立女性教育会館研究紀要』第9号, pp.27-38.

コールマン・サミュエル・ジェームス(2004)久慈利武監訳, 社会学の思想㈭『社会理論の基礎(上)』青木書店.

国際開発高等教育機構編(2005)外務省委託　平成17年度NGO研究会(障害分野)『人間の安全保障を踏まえた障害分野の取り組み――国際協力の現状と課題』.

国際協力機構(2003a)『課題別指針　障害者支援』.

国際協力機構(2003b)『キルギス共和国における障害関連情報』.

国際協力機構(2005)『国際協力機構年報　2005』.

国際協力機構(2006)『途上国の主体性に基づく総合的課題対処能力の向上を目指して――キャパシティ・ディベロップメント(CD)～CDとは何か, JICAでCDをどう捉え, JICA事業の改善にどう活かすか～』.

国際協力機構(2007)『アジア太平洋障害者センタープロジェクト(フェーズ2)事前調査報告書』.

国際協力機構(2008a)『キャパシティ・ディベロップメントに関する事例分析　アジア太平洋障害者センタープロジェクト』.

国際協力機構(2008b)『キャパシティ・アセスメントハンドブック――キャパシティ・ディベロップメントを実現する事業マネジメント』.

国際協力機構(2009a)『課題別指針　ジェンダーと開発』.

国際協力機構(2009b)『課題別指針　障害者支援』.

国際協力事業団(2002a)『課題別指針　ジェンダー主流化・WID』.

国際協力事業団(2002b)『国別障害関連情報　ウズベキスタン』.

国際協力事業団(2003)『DAC貧困削減ガイドライン　要約』.

近藤久史・二文字理明・藤田和弘編(2003)社会福祉ライブラリー①『障害者福祉概説』明石書店.

斎藤文彦編(2005)『参加型開発――貧しい人々が主役となる開発へ向けて』日本評論社.

坂田正三(2007)「社会資本と開発・ソーシャル・キャピタル論の可能性」佐藤寛編『援助と社会関係資本――ソーシャルキャピタル論の可能性』経済協力シリーズ第194号, アジア経済研究所.

佐藤誠(2003)「社会資本とソーシャル・キャピタル」『立命館国際研究』16-1, 2003年6月号, pp.1-30.

佐藤寛(2005)「計画的エンパワーメントは可能か」佐藤寛編『援助とエンパワーメ

ント——能力開発と社会環境変化の組み合わせ』経済協力シリーズ第207号、アジア経済研究所．
佐藤寛編（2005）『援助とエンパワーメント——能力開発と社会環境変化の組み合わせ』経済協力シリーズ第207号、アジア経済研究所．
佐藤寛編（2007）『援助と社会関係資本——ソーシャルキャピタル論の可能性』経済協力シリーズ第194号、アジア経済研究所．
笹原八代美（2007）「選択的人工妊娠中絶と障害者の権利：女性の人権の問題としての性選択との比較を通して」『先端倫理研究』2、pp.160-181．
財団法人国際開発センター、アイ・シーネット株式会社（2003）「プロジェクト研究『日本型国際協力の有効性と課題』」国際協力事業団．
財団法人国際協力センター（2008）『効果的なキャパシティ・ディベロップメント（CD）の実現を目指して——実務者によるCD研究会報告書』
島野涼子（2013）「障害分野に関する国際協力への日本の取組み」『横浜国際経済法学』第21巻3号．
「障害者差別禁止法制定」作業チーム編（2002）『当事者がつくる障害者差別禁止法——保護から権利へ』現代書館．
世界銀行（2000）小浜裕久・冨田陽子訳『有効な援助：ファンジビリティと援助政策』東洋経済新報社．
世界保健機構（2002）『ICF国際生活機能分類——国際障害分類改訂版』中央法規出版．
田中由美子・大沢真理・伊藤るり編（2002）『開発とジェンダー　エンパワーメントの国際協力』国際協力出版会．
竹前栄治・障害者政策研究会編（2002）『障害者政策の国際比較』明石書店．
近田亮平（2005）「途上国の貧困削減を可能としうるエンパワーメント——フリードマンの（ディス）エンパワーメント・モデルとサンパウロの都市貧困層のエンパワーメント」佐藤寛編『援助とエンパワーメント——能力開発と社会環境変化の組み合わせ』経済協力シリーズ第207号、アジア経済研究所．
チェンバース・ロバート（2000）野田直人・白鳥清志監訳『参加型開発と国際協力——変わるのはわたしたち』明石書店．
辻田祐子（2007）「政府と市民のシナジー——都市環境衛生のパートナーシップの問題点」佐藤寛編『援助と社会関係資本——ソーシャルキャピタル論の可能性』経済協力シリーズ第194号、アジア経済研究所．
鶴見和子（1996）『内発的発展論の展開』筑摩書房．
友松篤信・桂井宏一郎（2006）『大学テキスト　国際協力論』古今書院．
内閣府編（2005）『平成17年度版　障害者白書』
内閣府編（2006）『平成18年度版　障害者白書』
内閣府編（2007）『平成19年度版　障害者白書』

内閣府編（2008）『平成 20 年度版　障害者白書』
長瀬修訳（1993）「障害者の機会均等化に関する基準規則」
長瀬修（2006）「障害者の権利条約交渉における障害と開発・国際協力」森壮也編『開発問題と福祉問題の相互接近——障害を中心に』調査研究報告書、アジア経済研究所。
長瀬修（2008）「障害者の権利条約における障害と開発・国際協力」森壮也編『障害と開発—途上国の障害当事者と社会』アジア経済研究所。
長田こずえ（2005）『アラブ・イスラム地域における障害者に関する重要課題と障害者支援アプローチに関する研究』国際協力機構国際協力総合研修所。
中西正司・上野千鶴子（2003）『当事者主権』岩波新書。
中西由起子（1996）『アジアの障害者』現代書館。
中西由起子・内海旬子（2005）「障害とジェンダー」国際開発高等教育機構編、外務省委託　平成 17 年度 NGO 研究会（障害分野）『人間の安全保障を踏まえた障害分野の取り組み——国際協力の現状と課題』
中村真（1996）「『偏見』に関する社会心理学研究の動向——これまでの研究成果と今後の展望」『川村学園女子大学研究紀要』第 7 巻第 1 号、pp.67-78.
成清美治・伊藤葉子・青木聖久編（2008）ベーシックシリーズ　ソーシャルウェルフェア 3『新版　障害者福祉』学文社。
ニノミヤ、アキイエ・ヘンリー（1999）『アジアの障害者と国際 NGO——障害者インターナショナルと国連アジア太平洋障害者の 10 年』明石書店。
ハート、ロジャー（2004）IPA 日本支部・奥田睦子他訳『子どもの参画——コミュニティづくりと身近な環境ケアへの参画のための理論と実際』萌文社。
長谷川涼子（2009）「『障害と開発』における女性障害者のエンパワメント——アジア太平洋障害者センタープロジェクトの事例から」『横浜国際社会科学研究』第 13 巻第 4・5 号、pp.16-30.
長谷川涼子（2010）「効果的な援助に向けたキャパシティ・ディベロップメントの検討——我が国の ODA 理念の視点から」『横浜国際社会科学研究』第 14 巻第 5 号、pp.19-38.
蜂須賀真由美（2005）「外部者が定義するエンパワーメントから当事者が定義するエンパワーメントへ——東ティモール・コミュニティ・エンパワーメントプロジェクトを事例として」佐藤寛編『援助とエンパワーメント——能力開発と社会環境変化の組み合わせ』経済協力シリーズ第 207 号、アジア経済研究所。
東俊裕監修、特定非営利活動法人 DPI 日本会議編（2007）『Q&A 障害者の権利条約でこう変わる』解放出版社。
淵ノ上英樹・松岡俊二（2006）Discussion Paper Series Vol.2『効果的援助の研究史』
フレイレ、パウロ（1979）小沢有作・楠原彰・柿沼秀雄・伊藤周訳『被抑圧者の教育学』

亜紀書房。

プロジェクト PLA（2000）『続・入門社会開発——PLA：住民主体の学習と行動による開発』国際開発ジャーナル社。

松井亮輔（2007）「第2次『アジア太平洋障害者の十年』中間年　評価ハイレベル政府間会合開催される」『ノーマライゼーション』11月号、日本リハビリテーション協会。

町田陽子（2005）「国連／国際金融機関／二国間政府援助機関の障害分野での取り組み」国際開発高等教育機構編、外務省委託　平成17年度NGO研究会（障害分野）『人間の安全保障を踏まえた障害分野の取り組み——国際協力の現状と課題』。

三輪徳子（2008）「キャパシティ・ディベロップメントに向けた知識共有と協調の試み——国際共同研究『キャパシティ・ディベロップメントのための効果的な技術協力』を事例として」『国際協力研究』第24号第1号。

宗像朗（2000）「PLAの基本的な考え方と主要なツール」プロジェクトPLA『続・入門社会開発——PLA：住民主体の学習と行動による開発』国際開発ジャーナル社。

モーザ、キャロライン（1996）久保田賢一・久保田真弓訳『ジェンダー・開発・NGO　私たち自身のエンパワーメント』新評論。

森壮也（2008）「障害と開発」高橋基樹・福井清一編『経済開発論　研究と実践のフロンティア』勁草書房。

森壮也編（2008）『障害と開発——途上国の障害当事者と社会』アジア経済研究所。

森川俊孝・池田龍彦・小池治編（2004）『国際協力の法と政治』国際協力出版会。

山田恭稔（2000）「方法論としてのPLA」プロジェクトPLA『続・入門社会開発——PLA：住民主体の学習と行動による開発』国際開発ジャーナル社。

Boone Peter（1996）"Politics and the effectiveness of foreign aid." *European Economic Review 40*: pp.289-329.

Boylan Esther. ed.（1991）*Women and Disability*, Zed Books Ltd.

Collier Paul, Dollar David（2002）"Aid allocation and poverty reduction", *European Economic Review 46*: pp.1475-1500.

Epstein Susan（1997）*We can make it: Experiences of disabled women in developing countries*, Geneva, International Labor Office,

European Commission（2005）*Institutional Assessment and Capacity Development Why, what and how?: Aid Delivery Methods Concept Paper a contribution to development thinking*.

Friedmann John（1992）*EMPOWERMENT: The Politics of Alternative Development*. Blackwell Publishers Cambridge MA & Oxford UK.（斎藤千宏・雨森孝悦監修（1995）『市民・政府・NGO——「力の剥奪」からエンパワーメントへ』新評論。）

Fukuda-Parr Sakiko, Lopes Carlos, Malik Khalid（2002）*CAPACITY FOR*

DEVELOPMENT: NEW SOLUTION TO OLD PROBLEMS. Earthscan Publication Ltd.

Krotoski M. Danuta Ph.D, Margaret A. Nosek Ph.D and Margaret A. Turk M.D (1996) *Women with Physical Disabilities Achieving and Maintaining Health and Wellbeing*, Paul H. Brookes Publishing Co.

Lange de Piet (2009) "Evaluating capacity development support" *A gateway for capacity development issue37*, Capacity.org.

Lopes Carlos, Theisohn Thomas (2003) *OWNERSHIP, LEADERSHIP AND TRANSFORMATION: Can We Do Better for Capacity Development?*. Earthscan Publication Ltd.

GTZ (2003) "Capacity Development for Sustainable Development: A Core Task of GTZ" *Policy Paper No, 1*, March

Groce, N.E (1998) "Women with Disability in the Developing World: Arenas for Policy Revision and Programmatic Change", in *Journal of Disability Policy Studies*, 1998,8, No.1&2.

Natacha David (2004) "Women with disabilities ? dual discrimination" in *Trade union and workers with disabilities: Promoting decent work, combating discrimination Labor Education* 2004/4 No.137.

OECD/DAC (1991) *DAC PRINCIPLES FOR NEW ORIENTATIONS IN TECHNICAL CO-OPERATION.*

OECD/DAC (1999) *DAC Guidelines for Gender Equality and Women's Empowerment in Development Co-operation.*

Putnam. D. Robert (1993) *MAKING DEMOCRACY WORK: Civic Traditions in Modern Italy*, Princeton University Press. (河田潤一訳 (2001)『哲学する民主主義 伝統と改革の市民的構造』NTT 出版。).

Sen Amartya (1999) *Development As Freedom*, Oxford University Press. (石塚雅彦訳『自由と経済開発』日本経済新聞社、2000 年)

Yeo Rebecca and Moore Karen (2003) "Including Disable People in Poverty Reduction Work: "Nothing About Us, Without Us", in *World Development*, Vol.31, No.3

UNDP (1995) *Human Development Report 1995. Gender and Human Development*

UNDP (2008) *Supporting Capacity Development –THE UNDP APPROACH.*

UNESCAP (2002) *Asian and Pacific Decade of Disabled Persons2003-2012.*

UNESCAP (2006) *Disability at a Glance: a Profile of 28 Countries and Areas in Asia and the Pacific*, United Nations Publication.

UNESCAP (2009) *Disability at a Glance 2009: a Profile of 36 Countries and Areas in Asia and the Pacific*, United Nations Publication.

United Nations (2006) *Convention on the Rights of Persons with Disabilities and Optional Protocol.*

Universalia (1999) "Capacity Development: Definitions, Issues and Implications for Planning, Monitoring and Evaluation", *Universalia Occasional Paper No.35.* Canada

USAID (1997) *USAID DISABILITY POLICY PAPER.*

USAID (2000) *The Second Annual Report on the Implementation of the USAID Disability Policy.*

USAID (2003) *Third Report on the Implementation of the USAID Disability Policy.*

USAID (2005) *FOURTH REPORT ON THE IMPLEMENTATION OF USAID DISABILITY POLICY.*

USAID (2008) *FIFTH REPORT ON THE IMPLEMENTATION OF USAID DISABILITY POLICY.*

ウェブサイト

外務省「開発協力大綱」(http://www.mofa.go.jp/mofaj/files/000067688.pdf) 2015年2月12日取得。

職業能力開発総合大学校ウェブサイト
(http://www.uitec.ehdo.go.jp/schoolguide/index2.html) 2010年12月6日取得。

世界銀行東京事務所ウェブサイト
(http://www.worldbank.or.jp/tokyo/03agenda/03cdf/cdf_top.html) 2010年12月5日取得。

楠奈美子(1996) http://www014.upp.so-net.ne.jp/senku/10-5onna.html

千葉県ホームページ．環境学習ガイドブック平成14年4月1日 環境生活部環境政策課編。(http://www.pref.chiba.lg.jp/syozoku/e_kansei/gakushu/07gaido/index.html) 2009年8月30日取得。

内閣府「平成14年度内閣府委託調査 ソーシャル・キャピタル:豊かな人間関係と市民活動の好循環を求めて」(http://www.npo-homepage.go.jp/data/report9_1.html) 2010年03月17日取得。

内閣府政策統括官(共生社会政策担当)「障害者施策」
(http://www8.cao.go.jp/shougai/index.html) 2008年3月15日取得。

長瀬修訳「障害者の機会均等化に関する基準規則」
(http://www.bfp.rcast.u-tokyo.ac.jp/nagase/2003p02.htm) 2010年11月30日取得。

米津知子(2002) http://www.soshiren.org/shiryou/20021017.html

APCD Asia-Pacific Development Center on Disability. (http://www.apcdproject.org/) 2009年8月23日取得。

Asia Disability Institute. 中西由起子(2003)「アジア太平洋障害者の十年(1)」

(http://www.asiadisability.com/~yuki/ESCAP.html）2010 年 2 月 2 日取得
DFID（2009）"DEPARTMENT FOR INTERNATIONAL DEVELOPMENT DISABILITY EQUALITY SCHEME 2006-2009."
(http://www.dfid.gov.uk/Documents/diversity/disability-equality-scheme.pdf) 2010 年 11 月 30 日取得。
DFID "DISABILITY Core Script"（http://www.dfid.gov.uk/Documents/diversity/disability-core-script.pdf）2010 年 11 月 30 日取得。
The World Bank. Capacity Development Resource Center-Defining Capacity is complex.（http://web.worldbank.org/WBSITE/EXTERNAL/TOPICS/EXTCDRC/0,,contentMDK:20283658~isCURL:Y~menuPK:64169185~pagePK:64169212~piPK:64169110~theSitePK:489952,00.html）2010 年 3 月 17 日取得
The World Bank .Comprehensive Development Framework Website.
(http://web.worldbank.org/WBSITE/EXTERNAL/PROJECTS/0,,contentMDK:20120725~menuPK:41393~pagePK:41367~piPK:51533~theSitePK:40941,00.html）2010 年 2 月 24 日取得。
United Nations, Asian and Pacific Decade of Disabled Persons, 1993-2002 Agenda for Action（http://www.un.org/Depts/escap/decade/agenda1.htm　2008.10.28 取得。
USAID Website "DISABILITY and DEVELOPMENT"
　（http://www.usaid.gov/about_usaid/disability/）2010 年 11 月 30 日取得。

辞典

Webster's Third New International Dictionary of the English Language Unabridged 　MERRIAM-WEBSTER INC., MASSACHUSETS, U.S.A 1993

❖著者紹介

島野涼子（しまの・りょうこ）
学術博士（国際開発学）
横浜国立大学大学院国際社会科学研究科博士課程後期修了。
特定非営利活動法人DPI（障害者インターナショナル）日本会議で国際担当の事務局員として勤務（2010年～2013年）後、夫の転勤によりスリランカに在住。現在、スリランカの障害者施策について研究中。

国際協力とキャパシティ・ディベロップメント
―― 障害女性へのエンパワーメントの視点から

2015年3月25日　第1版第1刷発行

著　者	島　野　涼　子	
発行者	菊　地　泰　博	
組　版	プロ・アート	
印刷所	平河工業社	（本文）
	東光印刷所	（カバー）
製本所	越後堂製本	

発行所　株式会社　現代書館
〒102-0072 東京都千代田区飯田橋3-2-5
電話 03(3221)1321　FAX03(3262)5906
振替 00120-3-83725　http://www.gendaishokan.co.jp/

校正協力・電算印刷

© 2015 SHIMANO Ryoko Printed in Japan ISBN978-4-7684-3537-3
定価はカバーに表示してあります。乱丁・落丁本はおとりかえいたします。

本書の一部あるいは全部を無断で利用（コピー等）することは、著作権法上の例外を除き禁じられています。但し、視覚障害その他の理由で活字のままでこの本を利用できない人のために、営利を目的とする場合を除き、「録音図書」「点字図書」「拡大写本」の製作を認めます。その際は事前に当社までご連絡ください。
また、活字で利用できない方でテキストデータをご希望の方はご住所・お名前・お電話番号をご明記の上、右下の請求券を当社までお送りください。

活字で利用できない方のための
テキストデータ請求券
『国際協力とキャパシティ・ディベロップメント』

久野研二 編著
ピア・ボランティア 世界へ
――ピア（＝仲間）としての障害者の国際協力

JICA障害者ボランティア隊員として、アジア・中東の障害者支援に携わる視覚障害・ろう・肢体不自由・知的障害のある当事者九名と支援者三名による、ピア（＝仲間）の視点からの国際協力。障害者のためではなく、障害者自身による共に問題を発見し解決していった挑戦の記録。

1600円＋税

杉本章 著
【増補改訂版】障害者はどう生きてきたか
――戦前・戦後障害者運動史

従来の障害者福祉史の中で抜け落ちていた、障害当事者の生活実態や差別・排除に対する闘いに焦点を当て、膨大な資料を基に障害者運動、障害者福祉政策、法制度史を綴る。障害者政策・福祉制度を無から築き上げてきたのは障害者自身であることを明らかにした。障害者福祉史の基本文献。詳細な年表付き。

3300円＋税

全国自立生活センター協議会 編
自立生活運動と障害文化
――当事者からの福祉論

親許や施設でしか生きられない、保護と哀れみの対象とされてきた障害者が、地域生活の中で差別を告発し、社会の障害観、福祉制度のあり方を変えてきた。一九六〇～九〇年代の障害者解放運動、自立生活運動を担ってきた一六団体、三〇人の軌跡を綴る。障害学の基本文献。

3500円＋税

DPI日本会議＋2002年第6回DPI世界会議札幌大会組織委員会 編
世界の障害者 われら自身の声
――第6回DPI世界会議札幌大会報告集

二〇〇二年十月、一一二の国と地域、三千人以上の参加者が熱く議論したDPI世界会議札幌大会の全体会・記念講演・シンポジウム、障害者の権利条約・人権・自立生活・生命倫理・アクセス・労働・教育、開発等、全四〇分科会の全報告集。国際・国内障害者運動の最前線の記録。

3000円＋税

田中耕一郎 著
障害者運動と価値形成
――日英の比較から

障害者運動は健常者文化に何をもたらしたのか。戦後から現在までの日英の当事者運動の変遷をたどり、運動の課題・スタイル、障害概念の再構築、障害者のアイデンティティ、障害文化、統合と異化の問題等に焦点を当て、日英の共通性と共時性を解明。二〇〇六年度日本社会福祉学会賞受賞。

3200円＋税

長田健次郎 著
協力隊員物語
――トンガ・国道ポアタ線の彼方に

青年海外協力隊員としてトンガ王国に勇躍した青年の試練と成功、精一杯に生き抜いた日々の熱い感動を描く。道路舗装技術指導を通じて互いの理解を深め、崖っぷちまで追いつめられてもなお困難に挑み続けた青年とトンガの人々を描く。

2000円＋税

久保英之 著
アジアの森と村人の権利
――ネパール・タイ・フィリピンの森を守る活動

森に生かされ、森を活かすアジアの農山村に暮らす人々、森林行政に携わる人々、政府、国際NGOによる地域開発と森林保全の両立をめざす取組みのルポルタージュ。村人たちの自治を取り戻すことが森林保護、農山村開発の鍵であることを再確認。

2000円＋税

（定価は二〇一五年三月一日現在のものです。）